國立彰化師範大學國學大師叢書
陳偉民・李威熊總策劃
吳有能・鄭靖時・耿志堅主編

文論說部居泰山
——王夢鷗教授

林明德著

文史哲出版社印行

國家圖書館出版品預行編目資料

文論說部居泰山：王夢鷗教授 / 林明德著. --
初版. -- 臺北市：文史哲, 民 88
面：　公分. --（國學大師叢書；3）
ISBN 957-549-210-2(平裝)

1. 王夢鷗 - 傳記 2. 王夢鷗 - 學術思想 - 文學

782.886　　88007481

國學大師叢書

陳偉民．李威熊總策劃
吳有能．鄭靖時．耿志堅主編

文論說部居泰山：王夢鷗教授

著者：林明德
出版者：文史哲出版社
登記證字號：行政院新聞局版臺業字五三三七號
發行人：彭正雄
發行所：文史哲出版社
印刷者：文史哲出版社
臺北市羅斯福路一段七十二巷四號
郵政劃撥帳號：一六一八〇一七五
電話 886-2-23511028・傳真 886-2-23965656
實價新臺幣一四〇元
中華民國八十八年四月初版

ISBN 957-549-210-2

王夢鷗老師談話神態

王夢鷗老師與訪問者（林明德）合照

王夢鷗老師對中文系未來的建言▽

陳序

提到國學，人們很容易會想到遙遠的過去，彷彿研究國學就必然是探討那遙不可及的過去似的。可是如果我們研究古人的目的，是希望跟前輩請益學習的話，那麼我們研究國學，又怎麼可以重古而輕今，獨獨忽略了與自己時空最接近的當代國學大師呢？其實，當代國學大師因爲跟我們時代接近，他們的研究心得或更容易顯出跟我們的相關性，爲此，本校國文系同仁在李教務長威熊、鄭前主任靖時和耿主任志堅領導下，向國學界成績斐然的當代大師五人，一一訪談請教，並加以介紹，完成了國學大師請益計畫。

在這個計劃中，請益的對象包括現代文學作家蘇雪林、文學批評權威王夢鷗、紅學大師潘重規、史學大師陳槃及哲學大師勞思光等五位前輩學人。他們的學問均能獨當一面，而且望重士林，各自在自己的研究領域都有傑出成就。而在這次計畫中，實際負責撰寫工作的同仁有黃忠慎、吳彩娥、游志誠、林明德和吳有能等幾位教授，他們都是學養甚豐，不可多得的人才，通過他們的努力，大師的治學經驗、工作貢獻等等重要項目一一彰顯，讓大家可以見賢思齊，可謂嘉惠學壇，貢獻不少。而李威熊、鄭靖時及耿志堅教授的策劃、統籌，周詳有序，使這次計畫能夠順利完成。現在這套國學大師叢書出版在即，我誠懇的獻上我的祝福與謝意，並希望讀者和我一樣從這套叢書中獲益良多。

國立彰化師範大學校長　**陳倬民**　謹識八十七年十一月

耿序

學問貴乎薪火相傳，這樣才能可久可大。有鑒於此，李教務長威熊教授特別推動執行國學大師請益計畫。希望透過這個計畫，讓大師們能以簡明扼要的方式勾勒出他們的學術成就，同時也向後學略示治學蹊徑，好使大師們豐富的學養，能夠傳承下去，發揚光大。因爲有這個薪火相傳的理想在，我想以「大師薪火—國學大師之訪談及推介」作這個集子的總名，應是最好不過的。

這一個計畫中，我們請了國文系幾位同事，各就自己的專長，依照我們選定的幾位大師，進行這個請益計畫。計畫剛開始的時候，鄭前主任靖時教授統籌執行，奠下堅實的工作基礎，後來因爲鄭教授休假，我們就請吳有能副教授負責實際的編輯工作。現在各人的稿子已經寫就，我依照作者姓名的筆畫多寡，排出這五本書的先後順序，同時，也分別給它們取了書名：

吳有能著：《百家出入心無礙—勞思光教授》

吳彩娥著：《出經入史緒縱橫——王靜芝教授》
林明德著：《文論說部居泰山——王夢鷗教授》
游志誠著：《敦煌石窟寫經生——潘重規教授》
黃忠慎著：《古今文海騎鯨客——蘇雪林教授》

此外，爲了體例的一致，我也稍稍做了一點統稿的工作；但是，由於大師們的專業領域差距很大，各稿內容自亦難以維持形式的一致，而且各位作者的文稿往往又自成理趣，所以我所做的統稿的工作也就只能限於大標題的統一而已。這樣既能使各書約略地構成一個叢書系列，同時又可讓它們的特色分別得以保存。其實，這套叢書的書稿水準都極高，好比芙蓉素面，不待脂粉而脫俗，當然我的統稿工作本屬敷脂施粉，自非淡素娥眉所需了。

國立彰化師範大學國文系主任　**耿志堅**　謹識八十七年十月十八日

文論說部居泰山——王夢鷗教授

目錄

壹、大師小傳

王夢鷗先生，福建長樂人，民國前五年生。民國十五年，就讀福建學院。十九年，負笈日本，入早稻田大學文研所研究。二十五年返國，二十九年任教於廈門大學，三十五年任職中央研究院，三十八年隨中央研究院來臺，四十五年任教政治大學中文系，六十八年榮退。

其後，批評、小說兼治，散論、專著輩出，在在顯示出旺盛的學術活力與文學智慧。

貳、請益專訪

訪談內容擬就五大主題，即：一、治學經歷、二、治學方法、三、對國學的展望、四、對中文系學生的建議、五國學界的軼聞：

一、治學經歷

林：老師過去的一些治學經歷我曾做過整理，今天為了此一專題能不能再請老師簡單的談一些？

王：我在學生時期受到何振岱(梅生)與陳衍(石遺)兩位詩人老師的影響，對日後作詩奠定基礎。中學以後就讀法政專科(民國後改制為「福建學院」)，畢業後即赴日本學了一年日語，因九一八事變返國。後來二度到日本，又值一二八事件。當時入早稻田大學，這期間到過靜嘉堂文庫及尊經閣，也曾至京都。當時認識一些日本朋友，對於我做學問影響甚大。如平岡武夫從事唐代研究，對於我日後的唐小說研究幫助很多。平岡手中有許多資料，並進一步做成索引，內容有《全唐詩》、《全唐文》、《新唐書》、《舊唐書》及許多唐人筆記，其中《全唐詩》、《全唐文》的索引已印行出版。（其餘資料則放在卡片櫃內），這爲研究提供了很大的方便。

另外如花房因樹，專門研究白居易，對於白氏的生平交遊都掌握的非常清楚，他治學也由索引的編製開始，這幾乎是日本學者治學的必備基礎。以後和青木正兒、吉川幸次郎、小川環樹、池田末利等漢學者都有往來，對於東京學派與京都學派的文人均有所接觸。

至於其它如東方文化大學的內山知也，亦是研究唐人小說，出版過許多著作。當小尾郊一任廣島大學中國文學系主任時，曾邀我至廣大客座。小尾即是《文選》專家《文選索引》作者斯波六郎的學生，他專精於六朝文學，因而廣島大學成爲日本研究六朝文學的重鎮。

國內方面，民國三十年於重慶的政大，曾和高明先生來往。由日本回國先到廈門大學，一二八事件後開始抗戰，我就到中央電影場撰寫劇本，當時編劇的有我、谷劍塵先生和一位女士。抗戰當時的廠長爲羅學濂。等到南京徹退時，我的小學同學叫薩本棟，原在清華大學任教，抗戰開始，陳家庚將廈門大學獻給政府，教育部長聘請薩先生去接收。當時我偕妻子回湖南老家，在中學教書，後來徹退到湘西。因接到薩先生的電報，邀我到廈大任教，從此才轉進學術研究的領域，這樣的因緣與影響是很大的。到了廈大，認識中文系系主任宋誓先生(曾作過教育廳長)，他教授宋詞，在宋詞方面造詣很高，給我予我很深的影響。

林：老師研究的領域很廣，當初是如何進入、經過情況、結果如何？

王：以唐人小說爲例，當初費了不少工夫。因爲它是「小說」體材，大家都看它的故事，看它的趣味，從欣賞的角度看它。其實唐人小說世人不能了解的有很多，今天我們也找了許多人家還沒有說出來的。比方如〈鶯鶯傳〉到底是誰寫的，一般都說是元稹寫的，可是我讀來讀去都還很懷疑。這篇是元稹的悔過書嗎？從頭到尾都寫他對女朋友的不忠實，既然從頭到尾始亂終棄那有什麼可寫，況且到最後還罵他。這在他功成名就之後，早年所寫的作品不會成爲官場上打擊他的把柄嗎？此種現象另人費解。當時官場上裴度非常討厭元稹，因流派不同，會不會是別人故易附會，至今我還很懷疑。另外〈霍小玉傳〉也是如此，以報復爲主，但罪及妻妾。試問李益的妻妾有什麼罪？李益的妻妾並沒有對不起霍小玉，她爲什麼不直接把李益弄死？爲什麼作者有這種心態，是很值得探討的。相信作者受時代影響，和我們後代去讀他，相差太多了。作者當初會這樣寫一定有些微妙之處，一般人略而不談，有欠周延。又如〈虯髯客傳〉大家將它視爲武俠小說，其實這部小說有什麼俠？紅拂是人家的丫鬟跟李靖私奔算俠嗎？江洋大盜虯髯客抓著人頭到處跑算俠嗎？可是為什麼大家將它當作俠客？我以為這只是當時政治宣傳的作品，意即在鼓勵天下百姓睜大眼睛去找真命天子，而真命天子就在太原姓李的政權，毫無俠義精神可言，而後世紛紛以俠義視之，眞得很奇怪。一般而言，唐人小說是和當時的時代背景扣得很緊密的，不能略而不談。

又如我在研究文學之前都特別讀三禮，那時都是舊腦筋，到了日本接受西洋文化才有所改變。過去研究三禮的確是中國文化的基礎，現代所講的新文學骨子基礎就在此，周公孔子很具體的呈現出文化基礎所在，而非空話。到了西洋思想衝擊就起了變化。三禮第一個禮便是周禮，那是周公時候為皇帝訂的禮，而今非皇帝時代，但仍不能忽視它對中國古代影響非常大。二十五史到滿清為止，第一部就是關於國家的組織，就是憲法，就是從中而來。後代二十五史的官制就是從周禮而來的，幾乎都沒有改，因為同樣是皇帝制度。皇帝制度就是家天下，百姓出勞力來養皇帝，因人多就制定六官去管。第一官就是天官，乃皇帝的家臣，是管皇帝的。第二官是地官，相當現代的內政部管許多官，主管主計然後再分春夏秋冬四官。春官管教養方面；夏官大司馬管國防；秋官就是司法部；冬官管營造生產方面，都是替皇帝服務的。其組織之嚴密，規模之具體，後代都無法出其右。此外因當時內地民族也很複雜，期望以周禮來打平各族的分野。周公有很大的野心在其中，之後孔子根據周公的理想發揮，後世雖時代變異，但就其結構能經得起千錘百煉實在了不起。

林：老師剛才提到到了日本思想上才有了轉進，請老師稍微談一下當時的情形？

王：當時因接觸西方思想，所見也較廣。但我也感覺到美學也沒有什麼東西。它就是講欣賞方面的原理。爲什麼有文學，就是有那個感，那個「感」就是直覺的感，從「覺」去發展的一套文學理論。若加以冷靜思考問題就不一樣了。文學中是否有冷靜思考，這就是理智與直覺配合的問題。在文學上一直爭論不斷，相關的理論也迭起，是相當難釐清的問題。我以爲實實在在研究文學方面對於批評，要能放寬，對後一輩文學系不要期望有好作品，只希望他能講話，有條理能清楚的表達，且要能符合當時的社會習慣。在教學上能使說話的藝術做好才是重要的。如何將心中的意思，簡明完整的表達已很不容易。此外，在社會上除了表達完整還要使人聽了容易接受，聽了愉快，現在都很欠缺。

二、治學方法

林：接著請老師談談治學方法如何？

王：治學方法的確很重要，但我對於目前的治學方法感到懷疑。我們過去的治學方法第一個要找資料。第二個是自己要將資料整理，做探索分類，過程相當辛苦。比方我們做一個題目，去尋找相關的句子，相關的句子並不集中，必須要看得比較廣一點或比較深入一點，去尋找相關的資料。但是圖書館沒有為你的題目所做的資料，要自己去考對，甚至要跑到國外才有。可是現在全部免掉了，利用電腦連線，像遠在美國的任何圖書資訊，連線一下馬上就印到了。這些資料的收集是過去治學方法花費最大的工夫，這段基礎工作，現在利用電腦的幫助可以整個免掉了。

第二就是探索參考資料：你到底參考多少重要的著作，這需要下一番工夫。過去第一步要先做目錄學，可是現在的目錄學很廣泛，不但要做過去的圖書，還有許多論文，甚且那個階段國外的資料也要留意。這一部份要花一些工夫，因為別人不會幫你預先整理有關的目錄。整理好目錄才從其中找相關的句子，正所謂按圖索驥，如何整理資料，現代透過電腦已經國際化了，省了相當大的時間。這種資訊方便可算是一種進步，你能做，別人也能做。可是方便當中還是需要費點工夫，因為有些書或論文是後來才出版的，並未完全輸入電腦的檢索系統，所以這點值得注意。現在做研究不能靠主觀的想法，一定要靠資料，根據資料去發現自己的看法，而這看法是人家沒有說過的，這就是所謂的「創見」。我們研究的成績就在於有沒有創見，假如沒有創見寫出來沒有價值，只不過是抄人家的，那樣不可以稱為研究，只算是編輯文章。以目前而言，編輯的手續算是省了好多，不過，要有創見，必須多看資料。

林：以前王老師做學問都是自己實際去碰觸，沒有電腦提供資訊，上圖書館找資料經過自己消化研判、整理出卡片，最後呈現出作品。

王：過往辛苦的時候，因爲書籍不能外借，只好在圖書館中抄錄，抄錄好回去再做整理。往往是吃過飯就待在圖書館，爲什麼能對圖書館很熟，就是因爲過去經常跑圖書館的關係。現在國家圖書館好像與美國有連線，電腦按鍵一按，資訊就跑出來，十分方便。面對發達的資訊是現今治學方法的第一步，沒有資料便是空口說白話。

林：請教老師除了這一點以外，就多年來的實際體驗，在治學方面還有什麼可以提供給學生參考的？

王：現在同學常犯的毛病就是不周延，資料採集的不完整。比方說研究中國的文學理論，看的角度還不夠多，沒有全面，往往只根據某個觀點論証，而實際上人家早就把這個觀點駁倒了。會造成這樣的結果是因爲他沒有看到後來的資料，因此寫論文時一定要存這樣的心——到底我這條論證周延不周延。否則別人的不周延被你看出來，你找了許多的理由、資料修正他，但修正了半天，發現別人已經講過了，到頭來白忙一場，因此資料的收集要費一番工夫。眞正說起來資料收集好像蠻困難，資料這麼多，要如何著手？其實資料也很有限，比方說你作一個歷史性的問題，那個時代所寫、所傳下來的資料數量都已經是固定的，因爲作者已經死了就不會再寫了；又如某個人的看法、某個時代的資料多少都成定局，也是有一定的啊！只要你細心去找，一定會找得到。

其次是在方法上，爲求經濟必須去找權威的著作，這是相當重要的。因爲這是一個大名家，他是很有學問的，尤其這個問題他一定已經下過很多工夫，他的著作值得特別注意。從古至今，讀書人那麼多，但有許多人就不大重要。普通我們研究中國詩的批評、詩話等，從宋人之後的詩話仔細去找，大概在三、四百種之多，在三、四百種中用心檢視，我自己就看到了兩百多種，看起來很多，但分析起來，你抄我，我抄你。過去老先生做官回來，閒來無事看看人家的詩話，看到不錯的句子便把他抄錄出來，等到他死後，因爲他有地位，他的兒子就把它印出來，又變成一本詩話。但這本詩話多半是抄別人的，沒有什麼創意，有創見的地方只在於三言兩語之處，說了半天就是說我不贊成這個意見，說了等於不說。這種意見在我們整理資料時可以看出來。因此從大家入手，之後慢慢過濾資料，才不會導致資料太繁複。這樣才能集中研究的精力，較容易得到成果。

林：從以上的談話，可以看出經驗和智慧，對後學具有導引的作用。現在希望老師能舉一個實例來剖析。配合以上理論觀點，談談自己是如何經驗過來的？

王：研究經學在過去佔了很大的便宜，研究經書是中國讀書人過去第一個志願，所以幾本舊書，參考資料就一堆，不過後代的研究的確有進步。比方漢代讀經，留的書不多，但是它有它的一種看法，以後每個朝代都有它的看法，到了清代可說是漢學復興的時代，那時雖以漢學爲中心，透過比較科學的方法研究，較前代進步得多！他們就前人的成果匯集起來，比方說研究經學一定要看一本《皇經集解》，這當中許多人下工夫，將其中最權威的句子印出來，有許多研究經學的重要成果就在裡面，後代大概也無以復加，因爲後代研究經學的都比不過。從前小時候就讀經(如《三字經》)，長大後即使不研究經，小時候也一樣下工夫。這種道理在日後我也漸漸明白，而且中國文學能成爲特別的風格，原來經書是中國語言之母。眞正的母語，文言文的母語，文言文就是從經書裡面一代一代下來。比方唐代推行的古文運動，就是周漢之文。可是周漢之文有些就是屬於戀愛的經書；經書更早是在周之前，周漢之文算是第二代語，後代的古文復古運動就是將母語一代一代承傳下來。這便是中國文言文的系統，儷詞的系統就是這樣下來的。

可是另外一個系統就是民間文學的系統，過去沒有人去喜愛他，也沒有人去整理，因爲它都是口頭流傳，許多不能寫下來，就像魯實先先生寫了幾句當時眞正流傳的土話，留在韓非或莊子書中，後人就看不懂。因爲他只記錄了聲音，而所記錄的聲音，並不能跟意義會通，所以有幾句看不懂。過去最早就是文言化，依我的推測，經書當中就是古代的語言，而古代的語言就是文言化。比方詩經，我絕對不相信當時是四個字四個字那麼整齊，應該是抄錄者有重新改造過。就像到了魏晉以後將古代樂府（樂府的聲音是長長短短不一定的）把它集中用五言，五個字五個字整齊表達出來，有的用翻唱來合它的體裁，五言詩多半從樂府過來的，可惜當時沒有好的資料流傳下來，便無法證實。假如古代有豐富的資料流傳下來，對今日研究中國文學可能會有甚大的幫助。比方研究唐代的語言，在韓愈文章中發現一兩個很奇怪的字，從前的人都沒有這樣用，我就懷疑是當時的語言。要研究唐代語言就要研究唐代小說，因爲小說中還保留了一些的口語，可是過去研究古文，連唐代小說也看不起。把唐代小說當作研究資料，在語言學方面是很好的方向。可是一到王昌齡就全部變形，走詩的系統，五言、七言、長短句都變成一套呆板的文學，老師這麼寫，學生也就跟著寫；用平聲韻也就用平聲韻，一切變得呆板，但在民間並不是那樣子。而且其中有許多雜聲，附帶的一種聲音、或髒話都無法寫出來，因此詩的系統對中國文學口語化的表達，也有其無法充分發揮處。

至於詩格律的形成，在唐以前都是在人類自然的語調當中去找，到了唐代上官儀就有了改變。因爲太宗喜歡齊梁的詩歌，經常在宮庭宴會當中作詩，作詩就訂齊梁格律，但當時齊梁格律並不通行、也沒有固定。所以上官儀就找元競、崔融，三人開始定格律，到了王昌齡喜歡談詩又負詩名，其所著《詩格》開始提到平平仄仄平平仄的格律，這幾個人對於詩的格律問題都有貢獻。這些格律的制定是爲了討皇帝歡心，詩人才用，一般人大可不用。到了武則天之後，考試要考詩，而詩又必須講究格律，所以格律才變得如此重要。（關於詩格律的演變可參見王老師《初唐詩學述考》）。

還有，研究中國文字學、聲韻學往往是研究詩的學問，這兩門在中國語言學應該爲它的聲音、形式與字義做研究，我們現在研究文字學，爲什麼只研究《說文解字》？第一、《說文解字》只有九千三百五十三字，第二、這些字中至少百分之六十都已經死了，還不是在我們手裡死掉，大概在宋代以後就死掉了，很少用那裡面的字。很少用裡面的字，韓愈爲什麼講古文，人家不用那個他就偏偏用古文那個特別的字，到了宋代，也就像蘇起寫唐宋古文常常借說文，人家就反對。他又寫了一個「夙寐匪眞」，意思就是指昨天晚上做夢，夢到不吉利，早上就將它寫在門上，便可以破它討個大吉。從這也可以知道過去古文的轉變，有一派如何取古文來襯托他文章的一種特別的氣氛。另外又比方詩話裡面所謂脫胎換骨，「換骨」就是把人家的話換一句說，本來我可以用白話說出來，他用文言來說，就是將母語給換掉了，這種辭彙的方法，多半從這裡面來，就是說古文的演進的範圍就是一種母語，母語會因爲時代潮流慢慢會變，就等於我們本來住什麼地方，以後又搬到另一個地方，又受到另一個地方的影響，說話就有點變了；再換一個地方，他說話又有點變了，這種轉變顯示母語也在轉變當中。我們研究中國文字學應該就這個研究路線去看，就合的方面去看，不能就說文裡面六書，如象形、指示去看。因爲那些已經呆板了，像現在沒有象形了，如「象」字過去像鼻孔的「象」，現在哪裡找得到它像鼻孔？它已經都斷了，現在它上面的部分就是鼻孔，已經象徵化了，根本找不到了，而你還在研究它，不是白費心力嗎？或者使用機率太低了，就知道從前人們都沒有用了。

其實對保存中國文化上或許值得鼓勵，但現在都沒有用的東西，還拚命保留，難道要再回頭過那種生活嗎？對於古文化的保存應該屬於博物館的工作，但對於研究中國文字學應該就中國語音文化演進著手，所以我對中央研究院丁邦新先生相當欣賞，比方說研究唐音，他就唐人小說去找當時的音，而不從說文去找，即是從文學作品中去找當時的語音，這也是在研究方法上要注意的一點。那樣研究出來的成果就有新的成就，不然容易落入陳陳相因的抄襲中。

林：我們也發現在過去治學方法的基礎工作也比較扎實，相對於現代的速食文化，這一、二十年來老師也看得很清楚，要扎實恐怕太苛求了，所以不能過分寄望，但如果有走這條路的當然值得鼓勵。過去老式的治學方法固然有它的優缺點，但相對於現代的治學方法，老師能不能提供一些看法？

王：我們現在這種方法已經就是很新的了，從前的研究方法不是這樣，就是呆板的讀書，就是多讀多看。過去是先求博，然後再求精。而現在講求經濟，不要浪費心力，如何能在短時間內獲益最多才最經濟。同學在修課時，能將每門目錄提要讀好就不錯了，自己就這門有哪些基本的書爲線索進去探索，因爲課多只好如此。通常老師會指點哪些是重要的，哪幾本書是必要讀的，然後自己去看一遍就會更清楚，現在就差一點，因時間太短。此外在找資料時，以前人家用二手資料不能怪人家，因爲沒有新資料出現，但是對於新出土的資料要保持注意。

林：就個人的了解老師的學問都有階段性，比如說老師開《禮記》的課，一定要博通經書，而且去挖掘一些新的材料，然後產生創見，然後成書，包括論述、著作都出來。再如唐人小說，也是如此，老師花的心血相當多，成果斐然。至於老師的文學理論，如《文心雕龍》，研究文學批評、文學史自成一番系統。這些無須証明。學問根基太弱，研究就無法得到豐碩的成果，因此一切要講究扎實。如李豐楙教授研究道教，老師就鼓勵他要走進去，必須走田野調查。就是學術跟生活，跟實際狀況結合在一起。又比如研究民間文學，我們就必須走進田野做調查，結合一些民俗的課題。因此研究是必須自己去面對資料、研判資料，進而選取可以小題大做的題目。

三、對於國學的展望

林：請問老師對於未來國學有些什麼期望？

王：國學這個問題在民國初年大家就提過。國學到底是什麼？是指中國的學問，然而中國的學問多的很，醫學算是國學吧，其他如中國的工學、科技等，也應如是觀，所以說，對國學的定義太籠統了。其實，我們所說的國學，意思就是指經學、文學。那麼即使是指定經學、文學，也是指中國古書方面，而經學方面包含哲學、經濟、政治、社會這重要的幾門，研究經書中的禮，就算是研究社會倫理、社會關係、社會生活、社會習慣了。其它經書講經濟的也有，講政治的更多了，至於哲學方面也不少。所以我們研究文學能不能到達究竟？這是一個問題。以後對於國學的範圍要明確，不要界定的太廣，如此，老師好找、老師課程也好排，學生在學習上也較充實，否則，東一點西一點，都是一知半解，極爲可惜！在你們這一輩一定要努力，使國學的範疇扎實一點，若不努力就太晚了。

林：老師認爲「國學」這個概念就是太駁雜了，讓年輕學子們來面對如此複雜的情況，恐怕值得商榷。現在講究專精的，經濟實惠的效果，因此必須清楚要學的是什麼。在競爭的時代，要求自己所學的能被社會所接受，那就必須考慮到我們中文系國學的範疇。這也是一個不容易解釋的問題；過去揭示究天人之際通古今之變，似乎太過理想了。

王：從前大家都是皮毛，老實講司馬遷對天文地理也都只不過是皮毛，他因爲擔任太史官，所以較一般人懂這些常識，即使這些常識，大家在高中裡面應該有了。到研究所大家都應該專精了，要不然研究要幹嘛，回頭辦中學就好了。

林：老師這點意見是深入其中，又出乎其外，相當罕見的。

王：的確，做學問要注意，要愛惜生命，做學問常常有陷阱，研究這條路有許多學者本來目標很大，比方說他認爲我這個學問應該從文字著手，我就研究文字學，結果就一輩子掉在文字學的陷阱裡面。到了死以後，他生平的成就大概在文字學範疇，出了幾本有關文字的著作，其它都來不及做，跟眞正的這方面專家，人家早就已經做了，根本不能比，這不就白白浪費時間？因此當時這門研究到什麼程度，對於我的研究有多少幫助，對於我研究當中出現幾個問題，這些問題並不是我主題所在，我知道它大概可以參考哪些資料就夠了，或留待後來有時間再研究，我現在還要前進，朝主題方向前進，這樣子才會有成就。自己研究的題目才有得到圓滿的時候，不要在轉彎的時候掉入陷阱裡面，一掉進去，就好幾年，而所得到都是平凡的東西。

林：老師的用意就是要講求專精，在研究的過程可以攝取其他學科的知識，但是仍要以自己的學科爲主，彼此相輔相成，也就是說要很清楚主要在哪裡，將輔助的吸納進來，這一點非常重要。就像研究《禮記》，可以運用文字、聲韻的理論，但最後不要成文字、聲韻研究。

王：乾嘉時代就是最好的例子，爲什麼乾嘉時代研究文字、聲韻的那麼多，就是掉入陷阱裡面去，他眞正的目標卻不在這裡。

林：從這裡可以看出這種做法也能成就一家之言，只不過沒辦法成就大學問。在中文系裡面，我們開有歷史、哲學、甚至有社會學、經濟學方面的，如果這些材料被該學科使用，就變成他們的學科營養了。我們在思考中國文學的本質，國學本質到底如何？掌握清楚之後，才能給年輕朋友學習的方向，這是要他在年輕的歲月去了解學習的方向、範圍；過去較含糊、保留不容易分割的概念，不過，一個文學院為什麼有中文系、哲學系、歷史系，這是很清楚的事實。文學院就已經分得那麼精細了，為什麼要固守文學這個老店，有很多是必須面對的事實。

王：因為在某方面我已經做不過人家了（人家走在前面），我還是走我自個的路，這樣子時間就比較經濟，而且不會浪費心力。

林：以上老師所說就是重新為我們國學思考它的定位、範疇、方向。我想這問題清楚之後，投入研究才會有事半功倍的效果。

王：以前的老前輩到最後是樣樣精通，樣樣不精通。到了老的時候一事無成。自己眞正研究的東西反而平平凡凡，別人的東西懂得很多！即是變成博學多聞，而沒有專精，是非常可惜。其實假如他精力夠也無妨，但起碼要成就一事。

林：王老師所談就是指在研究領域上要能成一家之言，要有這樣的擔當和抱負，等到行有餘力再談點別的。這是老師一貫的美學實踐，老師一向強調美學，談文學批評，只要是在文學範圍，一定要先去碰觸美學領域，否則，看不出文學的本質與究竟。很多人一輩子談文學，但對於美卻忽略或視而不見，導致對文學的領略無法深刻。

四、對中文系學生的建議

林：請問老師對於中文或者國文系學生長期觀察後有什麼建議，能不能提出一些意見供參考。

王：我對於中文系的期盼，第一，最好不要對於這個系有什麼灰心啦！不灰心就是不要期望太高，但要關心。老實說，文學和美學的關係密切，而美學和經濟學卻是死對頭，搞美的人眞是不懂經濟啊，腦袋裡有經濟就不美了。這樣子中文系要求自己有成的話，最好不要想我將來出去會有什麼出路，將來待遇又如何，這些都不要先去定它。應該對自己所讀得要有興趣，尤其現在談文學最重要的是在純文學這方面，因爲其它一般的文學包括太廣了，一般的文學就包括寫作，寫作包括經濟的寫作、社會的寫作，政治、經濟的寫來尤其多。換句話說相當於報紙上的社論，社論寫來一天一個題目，那個過去多半將它當文學討論，討論上也多半以這一類實用上的爲主。

但眞正講文學應以純文學爲主，純文學就是關於詩歌、小說、戲曲這一類。這和經濟眞正是死對頭，古人說「詩窮而後工」，必須他腦袋裡沒有經濟的打算，一有經濟的打算，詩就沒有了，詩就跑掉了，所以我們對中文系的同學，希望是出自眞正對於文學的愛好，要耐得起窮喔！不能問說我畢業出去出路如何？待遇好不好？例如，以前台大法學系，有個學生，畢業之後去考商業研究所，原因出在以現實觀點考量，擔心工作問題。所以讀中文，第一要耐得起窮，然後要有興趣。讀得眞正有成就，不是成爲批評家，就是做作家兩條路。不是自己做，就是接著人家做，所以批評家可以說是再創作。批評家將原作發揮，研究文學作品其中的趣味，或許還有許多作家還摸不到那種氣味，即使摸到氣味還不能全面，而批評家他能全面解釋得相當透徹。所以文學就分這兩方面，這兩方面就是文學的根本，沒有辦法脫離。文學是一種精神的，和經濟是對立的，窮而後工，看過往的文學家多半是窮鬼，就經濟生活而言多半是窮的。

總而言之，對於同學的期望就是這一條，能耐得窮啊，而且能發揮自己所長。自己有潛力的時候應該怎樣培養自己呢？對於批評方面要很有眼光，很多人屬於眼高手低，叫他自己去寫不太敢，可是批評就針針見血。就像嚴滄浪談詩談到最精緻，可與現代的美學媲美，他那麼早能想到現代的美學，是很厲害，可是自己的作品就不好，難怪別人會批評他。此外，如果手高有創作的能力就做作家。照這兩大路線去發展，不要太偏激到認爲讀文學一定會餓死，但也不要貪圖現實利益，這樣就容易放心來學，才比較會有成就。

林：過去上老師的課，最後一堂，老師一定會問——讀中文系幹什麼？目的在哪？結論就是「提升語言的品質」。老師的《中國文學理論與實踐》共二十三章，大前提就提到文學就是語言的藝術，語言包括心理學、美學、社會等，糾纏在文化層面，以語言當作藝術又包含整合的觀念，所以你用什麼語言，代表什麼身分，語言可謂深深影響一個人的談吐、氣質。

王：因爲現在談文學太久了，太多了，往往反過來還不知道文學是什麼。老實講所有的文學、文字學就是討論說話。說話可分爲兩種，一種就是我心裡面有一種東西要使你知道，說話的作用就是使人家知道；有一種說話，並不是告訴人家我心裡怎麼樣，而是感覺，我希望人家能從我的話中去感覺我心裡所感覺到的。爲什麼人家推崇嚴滄浪詩話中〈詩辨〉已經進到現代美學，原因在於他把詩分得非常清楚。他說「詩有別趣，非關理也；詩有別材，非關書也。」真正的學問不是將書抄了一大堆，以爲就是有別的趣味啊！又如他說詩之道在哪？在妙悟。而妙悟就是直覺，就是第一義、第一印象。我們看見一樣東西最重要就是第一印象，但第一印象很難保存，所以他說「鏡花水月」，鏡裡的花，水裡的月。可是鏡裡的花是什麼花？水裡的月是什麼月，已經到了第二印象。第二義已經是知，第一義是直覺，不是知。所以文學用語言來表達的就是這種感覺。而且把這種感覺去跟別人解說。常常我們「知」跟「覺」相混，要嘛就把知當覺講，許多人批評這文章寫的好不好，就是根據知來寫，爲什麼批評它說得沒有道理，乃是就邏輯上說不通的關係。

純文學裡就講得相當清楚，語言當中講什麼？就講詩歌、戲曲、小說這類，當中就表現出一種趣味，珍惜的就是這種趣味，不能說這一類對社會道德有多少的影響；或是這一個字可不可以做音韻的考訂；又如某個戲曲裡面寫一個戰爭，重點並不是戰爭的儀式，它固然是一個儀式，但它不但告訴你儀式，在告訴你儀式當中會告訴你戰爭之討厭、可怕。它的主要用意並不在於告訴你當時將軍是什麼人、用什麼方法打仗。而是知方面的感覺，要在這方面下工夫。他並不是一個歷史家，不只是表演一個歷史，眞正去編寫歷史劇，也是告訴你這段歷史當中，有某種使人感覺到特殊的東西。把過往來來去去的東西交代清楚是歷史家的事情，不用你來寫。這樣分清楚，我就是用語言，用別趣表演一種妙悟，這種語言才是我們要的。所以劉勰只能做文學批評家，分析得清清楚楚，他是理論方面相當出色的大家。

林：在老師研究各類型的學問裡面，以文學理論、文學史的一些專題，尤其是唐人小說，總的來說是不外人情。做學問要先人情練達，通過這個來詮釋文學，更能發現人性。這點老師有沒有一些可以呼應的看法？

王：假如要有些了解，一定要透過自己好多經驗，由好多經驗當中做進一步的研究。比方說自己對這樣的事情有多少經驗，經驗後所得到的一點結果，這個是自己經驗所感的東西，通過年紀、經驗一點一點的堆積，把各方面的東西看清楚，有經驗的人一看便知。又比如運用文學批評原理於國中的文章教學，讀過之後，文章好在哪裡？被其他人讚美的在哪裡？有經驗的老師，就可以把經驗堆積起來印證了。其實劉勰就靠他讀過十代原文，那十代一定每一代都下過工夫，因此具備文章的經驗。根據《文心雕龍．時序》，劉勰就說到自己的批評資料哪裡來？有自堯舜禹湯文武至周漢共十代，我即據此推測他應該讀過十代的原文。其次，他有一點意見，這個就是他比後代強的地方，以實用爲主。他爲什麼寫這個，就是爲實用目的。本來他在廟裡作和尙，爲了出來當官，因爲當時官場中最有名的就是沈約，他要討他的歡喜，所以第一個要寫這個給他看，從書中特立〈聲律〉篇可見其用心。所以他的目的樣樣以應用爲主。可是應用當中也講詩，對於詩的批評講的不錯，也是行家。他就是一個一個都有經驗，就詩韻文這類文章花心思最多。不過，他對詩說得不多，所以鍾嶸才專就詩討論。

林：由此看來鍾嶸很厲害，他另闢蹊徑走創見路線，專挑劉勰沒談到的，正所謂「詳人之所略」。

王：這樣也是不錯，只是沒講的很清楚，可能是年代太早，固然他已經知道了，可是費時不夠，講起來很籠統。

五、國學界軼聞

林：在老師的那個年代，有沒有值得一提的好友軼聞？

王：在廈大有些好友，將我拉到廈大當同事，到台灣之後都到了中央研究院。像魯實先值得一提，他是湖南人，做學問相當扎實，比較專精在文字方面的研究，過去任教於台灣師大。他曾在韓非或莊子書中，錄寫了幾句當時流傳的土話，因爲只記錄聲音，並不能跟意義會通，所以後人便看不懂，先前我有談過。本來我就很懷疑中國古文當中，很多是用方言寫的，一句中並非整句用方言，偶而幾個字用方言，可是後人一解釋就把它當作典故，當典故就是死的東西，無法和當時音結合起來。就如韓愈文章出現一些奇怪的句子，也有可能就是當時的用語。這意見還不是我自己發明的，我曾聽日本人平岡武夫談起過，是不是當時唐代人講話就這麼講，如今想來不無道理。過去的一些語句我們習慣當作出典解釋，其實往往不是如此，有可能是當時的口語，值得深入去研究。這也就是在不疑之處有疑，進而產生創見的精神。最近到美國做研究的丁邦新教授和黃彰健《周公孔子研究》都提供了很好的啓發。

林：印象中老師進出日本多次，有些日本漢學家與老師頗有交情，尤其是京都學派的平岡武夫是交情最特殊的一個。過去日本資料進來不易，平岡武夫仍按期寄《東方文獻》給老師，而老師每年也會回寄烏魚子給他，以示平安。可否請老師敘述一下這段交情？

王：事情是每次我到日本去，他請我吃飯都有烏魚子，是很名貴的東西。問他從哪來的，他說是來自台灣。因此每次過年我都會寄烏魚子給他。他過去實在難得，當我再度與他聯絡上，他就開始寄這份刊物給我，可是在這十年之前的資料都欠缺，他就從發刊號到十年之前的每一期補全送給我，現在這一套我已捐贈給輔大圖書館了。目前京都大學有文學研究所，有一部分做論文目錄的工作，所搜蘿的論文資料不簡單，全世界研究東方學（日本、韓國也有，中國最多），每一國最權威的著作都徵求到，按年代再做分類整理，如研究經濟就可查到這年做過的相關論文，非常方便。更難得的是圖書館中，凡是目錄有的，在這座圖書館一定找得到。若是從事大規模的論文研究，值得到此來參考各國相關研究的成果，這正是做學問不要閉門造車的佳例。

林：後來御手洗勝教授，曾經到過台灣，是老師在廣島的朋友，專門研究神話，可能老師對他的啓發更多。

王：此外，印象較深的是吉川幸次郎，他曾經到北大讀過書，研究《史記》、唐詩等。他寫的古文很不錯，很像韓愈的文章。他的書法也寫得不錯，可惜到了後一輩的漢學家就不是如此了。

林：老師和日本的漢學家都很熟，聽說當時頗有酒量？

王：因爲日本文化習慣下班後到酒館放鬆一下心情，在當時許多學問的新觀點，就在這種輕鬆的氣氛下談出來。

林：老師在中央研究院期間，對於胡適先生的印象如何？

王：我在院內期間，適逢他人在國外。到了台灣才略有接觸。胡先生堪稱一代大學者，與他談話，他沒有什麼意見，對於別人的意見只會稍做修正。他沒有任何先入爲主的意見，讓你去講話，有不對的地方稍作修正，而且非常有禮貌。如果你想入非非，他就鼓勵你去找證據來圓你的看法。他並不與你辯駁，不用既有的論點來指正你的意見。《文訊》曾出過一篇〈學者的風範〉論述的更爲詳盡。

林：跟老師同輩的屈萬里先生印象如何？

王：屈萬里先生是山東脾氣，做學問有板有眼，非常踏實。可惜一些後輩無法目睹其風範。當屈萬里先生在台大中文系擔任主任時，曾聘請我去講課。當時我可能是被外聘的第一人，可見屈先生胸襟之開闊。

林：那大概是七〇年代，我就在當時去聽老師的課，常常出現暴滿的情形。當老師的學生，有的可能是學到老師的思考、爲人或者是老師的胸襟氣度。長久以來從老師那受益甚多。此外，還想再請教老師對於鄭騫老師的印象如何？

王：跟鄭老師也是好朋友，他做人很拘謹，眼睛不太好。對音調特別敏感，對於詩、詞、曲都有相當的貢獻。現在年輕一輩似乎基礎功夫都無法超越他，他能結合詩詞曲，又能寫，晚年有《清晝堂詩集》，由臺靜農老師爲其詩集題字。

林：老師和臺靜農老師談話也相當投合，臺老話中充滿了機智，都早人家兩步講，但又相當含蓄，和孔公（孔德成教授）鬥起來更是妙趣橫生。

王：的確如此！孔先生就是如此，所以大家喜歡和他開玩笑。爲什麼呢？因爲他是「聖人」，可是非常謙虛。他知道你開玩笑，就跟著你開玩笑，非常有意思。

林：據曾永義教授說孔老師酒是照常喝。老師這輩聚會是酒照喝，融洽中各有各的特色，個個如謙謙君子，很有風範。在老師學生當中，印象中有特殊表現的或是有成就的，老師能不能提一提以資鼓勵？

王：一時之間想不起來，像吳宏一在清代詞學表現不錯，李豐楙也表現得很出色。

林：講到這一段老師非常欣慰，教書教了大半輩子，可說是春風化雨，影響無數學人啊！例如文藝思潮學者尉天驄教授、致力於文學批評的黃景進教授，與專攻子弟書的陳錦釗教授等都受過老師的指導，斐然成家，飲譽學界。對了，姚一葦教授也是老師的學生，前一陣子因心臟衰竭走了。

王：他是我廈門大學的學生，很可惜！他以前心臟就出過毛病，差不多民國三十二年進來，本來是考進廈大電機系。因爲那時抗戰，電機沒有什麼出路，後來就轉系。到台灣，就職於台灣銀行。他的太太是我親戚，叫范曉蘭，是杭州人，她是中文系的，長得很漂亮，兩個人的感情很好。爲什麼我對姚一葦很熟，因爲他太太的關係。廈大從前有個演戲的社團，排戲同學一定拉她，而姚一葦因爲追她，所以她演戲，他一定常常跟來。他太太演戲，他就在旁邊，以後他們就結婚了。他太太在台北一女中教書，他在台灣銀行任職，他太太在十幾年前去世。當我一到台灣的時候他們就來找我，當時中影公司找我和王靜芝老師進某個審查委員會，我們就是審查委員，那時姚一葦常常和我聯絡，我就把他介紹進中影文化公司。雖然他在台灣銀行工作，但是對於電影極有興趣，我告訴他公司裡有好多外國劇本，後來公司就請他去翻譯，他就這樣走上電影的路。他一邊在銀行做，一邊像玩票一樣在搞電影，又因爲翻譯而有劇本。以後我在政大開文學批評的課，都會向同學推薦一本很重要的書《詩學》，早期由傅東華翻譯，但是台灣買不到。後來姚一葦翻譯出來，由中華書局出版，姚一葦這個人很用功，可說是極求上進。

林：姚教授沒退休前在文化大學戲劇研究所兼課，退休之後才轉進國立藝術學院，待了幾年又退了下來。關於姚先生銀行員的身分倒是少人提到，至於戲劇家是大家熟知的。因爲和王老師的因緣際會，沒想到以戲劇家聞名，眞有意思。

叁、學術成果推介

王老師的學問事業六十多年，學域寬廣，著作豐碩，包括散論九十餘篇，專著三十種，就性質而論，可歸納爲：一、禮學研究、二、《文心雕龍》研究、三、美學、文學理論與文學批評、四、唐人小說研究、五、其它五大類，茲簡扼析論於下：

一、禮學研究

王老師治經最擅長禮學。自民國三十一年〈原禮〉刊出以來，發表的散論計有：〈禮與大一〉、〈禮教與社會生活〉、〈原士與儒〉、〈關於原士與儒一文問答〉、〈小戴禮記考源〉、〈禮記思想體系試探〉、〈樂記考〉、〈禮運考——禮運禮器郊特牲校讀志疑〉、〈鄒衍生卒年世商榷〉〈禮記王制篇校記〉、〈曲禮校釋〉、〈古明堂圖考〉、〈鄭注禮記舊本考〉與〈禮記月令校讀後記〉共十五篇，透過科學的方法解釋古代的經史，發明新義；加上曾在中央研究院博覽珍藏的古今禮書與古代禮器，所以陳述皆爲實證可信。

在〈禮教與社會生活〉指出禮的整個目的在於履行，並且是儒者用以促進生活知能，進而克制欲望的法則，揭示出古代社會與禮的息息相關。〈小戴禮記考源〉推論出鄭注禮記四十六篇來源有三：一爲后倉戴聖師徒傳授而來的殘篇斷簡，二爲成哀以下博士經生所抄錄古傳記之零篇，三爲東漢博士經生敷衍上述之傳記雜文，而三者之中又各經顛倒錯亂的現象，值得加以注意。面對小戴禮記雜駁的面目，王老師提出的見解，對後人探源的研究助益甚多。又如〈禮記思想體系試探〉中論到：「禮學分派，與其謂爲有『今文學』與『古文學』之差別，毋寧謂之有『齊學』與『魯學』之異同，倘更按其實，與其謂有齊魯學之異同，不如逕稱之爲鄒衍學派與荀卿學派的糾雜。」要言不煩，舉其所以異，會其所以同，直截了當的點出重心，令人耳目一新。尤其是能引鄒衍學說詮釋《禮記·月令》的陰陽五行，解開謎底，令人折服。

至於專著的成果計有：《鄒衍遺說考》、《鄭注引述本禮記考釋》、《禮記今註今譯》(全二冊)、《禮記校證》共五種。王先生於諸子百家所引用的片言支句，勤加網羅會通，著爲《鄒衍遺說考》。該書旨在爲中國古代學術思想史上尋找一個被忽略二千多年的重要人物及其中心思想，以補先秦學術思想之未備。行文結構方式爲：

1.緒言：說明本書的旨趣所在。

2.鄒衍生平的年世商榷：從歷史背景證定鄒衍生存的年代及其思想發達經過；從而發現他怎樣使用氣象方面的知識作爲游說資本，到最後因術身亡，舉世諱言其人。

3.鄒子遺文考辨：史記稱鄒衍著書十餘萬言；漢志列「鄒子」百又五篇，按此所據者當爲漢文帝時編輯的諸子傳說，其內容應與管子、莊子，甚至呂不韋之書同類，而爲鄒子之徒的作品總輯。此種鄒子書當散佚於東漢，清人輯得的鄒子，考辨其半數以上皆屬僞文。

4.五德終始論的構造：鄒衍據氣候的反復變化說明各種物質之生滅循環，作爲定理，並用以解釋宇宙及人生諸多現象。間又配以神話傳說及原始的巫術信仰，制定王政綱領（五時令）及天人之符（五帝德）等學說。

5.五時令及明堂的設計：鄒衍區分一年爲五個七十二日分配五行。倡言王者(本非天子)宜居明堂順天時以施政。文中特辨別「時令」與「月令」之差異，並檢出前人未及注意之最早的「明堂圖」式。

6.五帝德的政治目的：考案鄒衍改變五行相生律爲五行相勝之原因，證明五帝德之缺「水」，是一種具有特殊意義的設計。故凡非缺水的帝德之編排，皆非鄒衍的遺說。

7.大九州說的原型：陰陽五行，出於天算之學；鑿龜數策，乃有八卦之談；兩派操術不同，演說亦當有別。鄒衍據五行以演說五方，在天與地之間撐以五柱，環以四海，立以四極，本無大九州之說。八卦派承之，始演爲八方八柱八極而併中國爲九。

8.結論：以上各章所提的意見，或言人之所未言，或一反舊說，然而根據現有的材料稍加嚴覈，提出的意見並非故作異義。前人未論及者，因其未注意而已。所談的五德終始論、五時令與明堂、五帝德與九大州說的探索，補充了先秦學術史的疏漏，對於文獻的整理，功不可沒。也正因其對鄒衍學說研究甚精，故能對禮記中有關陰陽學說，有正確的析論，排除了無謂的虛妄浮誇。

《禮記今註今譯》立意在求禮學的現代化，用現代觀點和語言加以註釋，並加以翻譯，使現代人瞭解中華文化的實質，進而使前人德業日新又新。過往禮記文字古奧難懂，重要原因乃是古代的儀文制度，多不見於今日，雖歷代訓詁之書有助於研讀，總有繁雜之嫌。對於一般的讀者欠缺導讀之效果。而透過王老師深入淺出的智慧觀照，使得禮記原意豁然開朗，文筆亦奇雄可喜，在禮學入門的參考書中備受肯定。此外，書中寫作時所遭遇的主要難處在於：

1.將前世學者爲《禮記》所做的「注」、「疏」、「集解」羅列起來，倍感資料龐雜，在選擇取捨上，不得不煞費躊躇了。

2.上古的一些特殊儀式、器物、建築，以及社會組織上的種種名詞：有的須要表演，有的須要繪圖，有的須要長篇講解。倘若單用「白話」，是沒有相當的詞彙可以翻譯。

3.本文的涵義，既有種種不同的解釋；解釋既已不同，當然不容「混說」。然而「今譯」之目的，是要把本文一句一句地用白話說來，倘求其不陷於偏執，就只好把不同的解釋列於「今註」項下，而「今譯」僅能就其中之一面翻譯。爲了補救上述的蹋限，書中儘量列載參考書籍，把權威的著作、演禮圖與近代人所作明物圖考等等，作爲附錄，使有興趣進一步研究的讀者有跡可循。由此力求周嚴的爲學態度，可見王老師能舉重若輕，以實見實證譯註《禮記》，表現其書優異之所在。

《禮記校證》更顯示王老師用心之獨到，國學根基之深厚。該書〈總敘〉云：大抵唐宋的學者，多在章句間彌縫補缺，至於《禮記》的來源及作者問題，尚少申論。明清學者或薄宋儒，或尊漢學，時從細節檢覈，偶有感觸其書多疑竇之處，也未能釐清諸多問題。今王老師從文章的字句考訂，章節之揣摹，認爲該書非一家之言，其文亦非小戴之舊。經過一番考証以爲今四十九篇〈禮記〉非輯成西漢，其於東漢成書，亦必在東漢之後。其成篇各自不同：

1.有摭拾舊記而爲篇者：如〈曲禮〉、〈檀弓〉、〈月令〉等篇，似皆出於先秦之遺文墜獻，而爲《禮古記》者也。

2.有出於遞相祖述者：如〈內則〉之引述〈曲禮少儀〉而〈喪服四制〉又轉抄〈間傳〉之類，疑其皆出於漢人之作業。

3.有一事兩記，或措辭互異，或竟持論逕庭者，如〈禮運禮器郊特牲〉篇中並存或同或異之章句。

四十九篇於雜輯《漢志》所列《禮古記》之零篇斷簡外，亦兼存西漢博士經生所作之章句，包括后氏之記、小戴之記以迄橋氏之記。

釐清《禮記》的成書時代及源流，以下分卷一〈曲禮〉始至卷二十〈喪服四制〉共二十卷，每卷前必作校證前記，以明其發展梗概，後附本文，註解與引證詳盡，發明了《禮記》原文隱義，具有眞知灼見。校訂經文，他依據的資料來源有三：

1.據各種現存版本，互勘其文字的異同。

2.據秦漢古籍及隋唐類書互勘其章句之得失。

3.據歷代注解之書及晚清學者專論，從疑義審定其章句及文字之乖誤。關於版本之校勘，用阮元本爲底本，更參以晚近出世之鈔本刻本，藉補阮元之不足。關於歷代注解之書，自漢迄清，除見輯於《禮記正義》、《集說》、《集解》、《纂言》、《章句》者外，而清人著述特多，或收入正續《經解》，或散在各家文集。（此書〈後記〉部分有列出參考書目，提供查閱。）

唯〈月令〉一篇，性質特殊，又頗關歷代政教施爲，故於書後列爲別輯，供博雅參酌。

二、《文心雕龍》研究

《文心雕龍》是一部中國人用中國的觀念及其思考方法寫成的文學論，其價值「譬之清風明月，四時常有，而光景常新。」研究此書的學者踵武相繼，各展所長。王老師自民國五十七年起，推出系列《文心雕龍》的散論，或〈宗經〉或〈辨騷〉或〈定勢〉，其重心不外文心與論文的探討；七十年，《古典文學的奧秘——文心雕龍》，可謂大功告成之作，更加豐美了此領域的研究成果。

他認爲劉勰正好生存於中國文學轉變的高潮上，既能掌握漢周時代文藝的精神，又熟悉魏晉以來的文章動向。這一前一後，在使用中國字構造的「文辭」上適成後世所稱「駢」、「散」二大系的文體，而此兩系的文辭即是劉氏刻意討論的對象，故他的論點足以使千餘年來的文士左右逢源，無入而不自得。

劉勰披覽虞夏商周以下「十代」的文章提煉出他研究的成果，此書體大思精，分前後兩大部分：前一部分有文章本論五篇，文體分論二十篇；後一部分，論「文」與「心」以及

「雕龍」之術二十篇；餘論五篇。除餘論外，其篇名始於「原道」而終於「總術」，可說是有本有末，有道有術；文心原於「道」而雕龍是其「術」。又使用大衍之術五十，其用四十九爲例，所以四十九篇用以論「文」，而歸餘一篇「序志」爲自敘，這樣的篇目設計，純粹出於中國的觀念。

王老師以爲《文心雕龍》全書的要點，亦即作者所據以論文的思想中心在〈原道〉、〈徵聖〉、〈宗經〉、〈正緯〉、〈辨騷〉五篇所表示的一系列理論。其後〈明詩〉至〈書記〉這部分因文體解散，愈出愈繁，先把它總爲「文」與「筆」兩類論述，大抵自〈明詩〉篇至〈諧讔〉屬於「論文」，自〈史傳〉篇至〈書記〉篇乃是「敘筆」。上編敘論秦漢以來之文筆，雖作品名稱繁雜，而各綜之爲十篇以言其大體，可謂整齊之至。每篇敘論之要點，又可約爲四端：

㈠「原始以表末」，目的在說明某種文章發生的原因以及其發展的經過。例如〈明詩〉篇云：「人稟七情，應物斯感，感物吟志，莫非自然。昔葛天樂辭，玄鳥在曲，黃帝雲門，理不空絃」，一直說到「宋初文詠，體有因革，莊老告退而山水方滋，儷采百字之偶，爭價一句，情必極貌以寫物，辭必窮力而追新」這是他使用歷史的方法，做到振葉以尋根的地步。正因如此，所掌握到的某種文學特點，都較有事實的根據。

㈡「釋名以章義」，目的在說明文章分類命名的意思是根據前人的解釋或歷來的通詮，然後從而引申成爲界說，使其名義較爲確定。例如〈明詩〉篇云：「詩者持也」，這裏以「詩」爲「持」，是依據詩緯含神霧所作的定義，本屬漢代四家詩中一家之說，但他又以這「持」爲持人情志，於是又與「詩言志」之說相合，持人情志，義歸無邪，便成爲他的解釋了。

㈢「選文以定篇」，是就某一同類的文章中列舉重要的作家作品，不但用之以爲這類文章的模範，且可用作這類文章嬗變的軌跡證明。只是這一部分敘述的筆法並不一樣，有的是舉例並作品評，如〈誄碑〉篇云：「至如崔駰誄趙，劉陶誄黃，並得憲章，工在簡要。陳思叨名，而體繁緩；文皇誄末，旨言自陳，其乖甚矣。」這是好壞並加評選。亦有舉例則強調其變化，如〈頌讚〉篇云：「若夫子雲之表充國、孟堅之序戴侯，武仲之美顯宗，史岑之述熹后。其褒德顯容，典章一也。至於班傅之北征西征，變爲序引，馬融之廣成上林，雅而似賦，何弄文而失質乎！」前段是選篇而後段則注意於其變化了。

㈣「敷理以舉統」，這是他根據原始表末，釋名彰義，亦即從文學史的事跡與名實的考慮，以及作品的評鑑中，抽取某一類文章的正當要求。如〈詮賦〉篇云：「蓋睹物興情；情以物興，故義必明雅；物以情觀，故詞必巧麗。麗詞雅義，符采相勝，如組織之品朱紫，畫繪之著玄黃，文雖新而有質；色雖柔而有本，此立賦之大體也。」其中「本」、「大體」都是「舉統」之言。

綜觀其論文敘筆所揭示的四個重點，在前後二十篇中，雖不是刻板說來，或寫法不完全一致，然而每篇中必兼具這四層意義的陳述卻是不變的。

至於下編的結構，王先生改從其剖「情」與析「采」的構想，參酌以擒神性，圖風勢，包會通，閱聲字等順序，然後依據各篇之主要內容，加以分組介紹，便於原作者持論的意旨。其編目如下：

㈠擒神性：1.神思；2.養氣；3.體性。

㈡圖風勢：4.風骨；5.情采；6.定勢。

㈢包會通：7.通變；8.鎔裁；9.附會。

㈣閱聲字：10.聲律；11.練字；12.章句；13.麗辭；14.比興；15.夸飾；16.隱秀；17.事類；18.物色；19.指瑕；20.總術。

㈤餘論：21.時序；22.才略；23.知音；24.程器；25.序志。

因各篇提出的論點互相關連，就其相接近者依次安排，以免重複。再從其所說「剖情析采」的要旨看來，無非是討論文章的構思、用字、造句、謀篇，以及用典、寫景諸端，末了總結以反面的示例，如〈指瑕〉篇所論用字造句用典諸端的毛病，最後以「總術」篇概括其叮囑之意。因爲「總術」篇中並未提出什麼法術，只是泛指以上諸篇已討論到的要點請作家注意參考，唯能如此始合乎他所說的「才之能通，必資曉術」的用意。

《文心雕龍》雖僅有三萬七千餘字，然其駢儷語言，指向紛歧，讀來頗不容易。今循著王先生上、下編的脈絡，深入淺出的分析中，能一窺《文心雕龍》的價值所在。他並在講解中註明資料的出處與卷數，能提供讀者參考之用。至於冷僻的著述，在講解時也配合著原文或大意，以入門書的標準而言，可說是體貼之至啊！這對一部經歷近一千五百年歲月的著作，能用現代語言烘托出原書的精神，正是爲現代讀者打一把邁入《文心雕龍》的智慧之鑰。

三、美學、文學理論與文學批評

基本上，美學、文學理論與文學批評三者是有分別的，但其間也存在著共同性，倘若能加以調適，相互運用，可收相互發明參證之效。這裡，所謂的美學、文學理論，中西兼顧；而文學批評則以中國傳統爲主。

(一)首先，談美學：

近代中國美學家，能夠融會中西美學，印証中國文學，除朱光潛先生外，並不多見。而王老師在這方面相當著力，而且有其獨特的表現。民國四十二年，〈中國文學中的自然美〉，他主張從文學作品去玩味自然美，靈視巧妙，發人深省；〈中國審美思想窺源〉，他言簡意賅的指出：儒家的典雅審美觀，合美善爲一，以道德爲藝術；道家則崇尚自然美，否定藝術美的存在，以爲自由、無限才是至善至美的境界。表面上兩者審美的目的似乎相反，實質卻相成，他們的精神透過歷代作家的作品，融成中國藝術的式樣。他歸結出：「典雅似乎是我們正統的審美觀念，雖然其間還包含著很多道家的、墨家的甚至佛教的精神在內。」

四十八年的《文藝技巧論》與六十年的《文藝美學》兩書，則是會通西方美學經典之後的一種論述，這其間體現了學術的自主性。《文藝技巧論》（原名爲《文藝論談》）涉及文藝思潮、理論與技巧，用西方理論印證中國名著，無非是期望能爲中國現代文藝注入活力，開闢新視野。全書共有十九篇，內容有通論中國藝術、文學、戲劇的問題、介紹西方文學思潮的脈絡、對於小說結構、人物、性質等詮釋，茲選幾篇介紹。首篇〈中國藝術風格試論〉提出：作者與批評家之間，有時互相衝突，有時互相遷就，然而萬變不離其宗，凡有作品，皆必欲登大「雅」之堂而後甘心。中國藝術品的風格，一直可以從這雅與俗的評語上，看出它們的消長情形。〈中國藝術之抽象觀念化〉以「體物傳神」爲最傳統的審美目的。〈「詩學」以後的文評略述〉概述了各派重要的批評意見，如意大利詩人孟佐尼（A.Manzoni）以要發見其題旨，判斷其價值，批評其表現技巧爲批評的標準原則。〈二十世紀初期的文學批評〉重點在於對作品本身的注意，把批評的目標緊按在作品的本文上面，但所遵循的路徑或偏重於心理，或偏重語言，其論調有著若干的差異。此世紀文學批評的進度，就是循著心理和語言進行深入且精密的考察。〈漫談文學欣賞〉提供欣賞文學者儘可以有著不同的觀念或理想，但在欣賞時，必然是依作品所提供的材料來構成我們合目的性的心象。更淺近的說法即是「情人眼裡出西施」的原理。〈現代小說的基本動向〉十九世紀重結構及人物心理描寫，到了二十世紀，一面是作爲描寫或反映現實生活的小說，趨向於表現或分析現實；而作爲普通心理描寫或說明的方法，也趨於精神分析或是個人意識的傳譯。這種趨向原本於人們的求眞精神，如同科學的進展一般。〈情節的間歇作用〉以爲讀者受到作品的故事感動，不如說是受著情節的感動。因爲故事只是原始的材料，經過適當處理後，才轉爲有情節的故事。而善用時間性的分割，使情節獲得高度的發展，便是利用人類原始的好奇心建立起效果。〈論悲劇〉談到悲劇的型式很多，共通處在於災害和痛苦。悲劇的內涵應該是對於災害的反抗，應該是想擺脫那致命的糾纏而又沒法逃掉的人物。雖不是無益的努力，但至少也是內心的反動。〈電影編劇問題〉言簡意賅的提出：作品的主題只是作者所以有此創作的命意所在。上乘的作品，那怕是幾千萬字，都好像只告訴人家一句極簡切的格言明訓，即便如此簡單，但又非普通言語可形容；有之，非動用千萬言不能曲盡其妙。一部成功的作品，往往須達此等境界才是上乘。

《文藝美學》可看出王老師對西方的美學曾下過很深的功夫，並且時常將中國的傳統說法與西方的說法加以比較，自成一套美學系統。全書分兩篇，上述西洋文藝思潮，下論美學。上篇部分除了介紹西洋自古代至現代的文學發展，還包括了西洋文學批評的部分。首先將西洋文學思潮做概觀的介紹，認爲西洋文學的構成要素是由：1.希臘的傳統觀念；2.羅馬精神；3.基督教精神；4.各個民族固有的特性交織而成。到了十四五世紀以後各國都有嶄新的文學作品出現，象徵各民族間的文學特性愈加明顯，而文學觀念越來越複雜。如古典主義在文藝復興後普遍於英、法、德三國。浪漫主義在十八世紀後半風行德英兩國，十九世紀末則是意見最紛歧的時代，到了二十世紀又出現了「存在主義」，整個步調越走越進入現實。接者談到亞里士多德的「詩學」是最早也最純粹的文學論，其後的「詩學」多數是當代文藝思潮的綜合而具代表性，值得加以介紹。關於浪漫主義的特質，文中多有討論，包括回返自然、反對傳統的束縛和文藝法則的限制等，各家說法多所觸及。在十九世紀甚囂塵上的寫實派文藝發展脈絡，王老師於書中也有所交待，認爲文藝的寫實傾向已導致作品中的人與事，由超奇趨向平凡，由類型趨向個性，才子佳人的傳奇漸成小人物的別傳。到了愛彌兒．左拉發展出自然主義文藝理論，也是有其歷史地位。他的自然小說論要點在於：1.採用實證方法於文藝上，要求文藝創作方法及寫作態度科學化；2.關於社會改革問題的關心；3.推衍理論時表示所採取的決然態度。進入二十世紀的現代文藝，可謂五花八門。以懷疑和反感做爲新文學的態度，在寫作上要求更深入、更高度的「可能性」表現。至於此階段的批評，人們似乎都有一種「近廟欺神」的習氣，對於同時代的文學，往往爲其他現實條件掩蓋，反而得不到切實的感受。而把批評的目標放在作品的本文上，是此時較先前更進步合理之處。所使用的方法不外乎歷史學、心理學、語言學的方法。在介紹完西方文學批評的情形後，書中也回歸略述我國進入本世紀在文學批評的大體情形，大半是承接清代學者的工作，從事考證派的文學批評。新文學運動在文學批評上則是要表現我們這一世紀之過去的現在性，在現代性中又含有過去的歷史感。

下篇論美學，主要介紹西方自康德以下的各種美學，分美的認識、適性論、意境論與神遊論，一路開展下來，美不勝收。以爲審美的目的是無概念、無關心的，因爲我們判斷某一對象爲美者，並不因其事實上的眞僞或實用價值之有無，而是單純合乎主觀文化感情，便已滿意。

對於美的認識，表現在文學作品的省察上，王老師認爲可分三點說明：

⑴審美或趣味判斷，既沒有趣味以外的目的，故主觀與客觀之間，並不構成「認識的關係」。主客之「認識的關係」乃是依循主觀之統覺作用，要求得到一個具有普遍性的概念。

⑵美感的性質是獨立純粹的，它既不借助別的目的來構成，並且可以不依感官的接觸來促進一般的趣味，有時可因複合的目的而增大。

⑶一般的快感，其力量愈大，則消失愈快；而美的快感，則是結集不太強烈的快感於一堂，故能持續永久。簡而言之，美的快感乃得持續；不像一般的快感是剎那的。

談到〈適性論——合目的性的原理〉歸結出：文學之客觀的表現原理，亦不外是正像釀酒，一面既力求其變化——充實與求深；一方面又力求其單純——無矛盾而明晰，然後依主觀之省察性而一一授與，終於達成滿足的結果——趣味或美。〈意境論——假想原理〉以為有假象世界，就有假象感情，亦即有「意」即有「境」。將意境的品類分作兩層四類深入論述：

第一層：1.美(beauty)或優美(anmutizes)；2.崇美(Sublime)或崇高(erhabenes)。

第二層：3.悲劇(tragedy)或悲壯(tragisches)；4.滑稽(komisches)與幽默(humor)。

最後〈神遊論——移感與距離原理〉明確的整理出彼此的關係在於：凡主觀目的性遠大於客觀目的性者，可形成一種意境；而客觀目的性遠大於主觀目的性者，又可成為另一意境。前者是自我崇高的幻覺；後者是對象崇高的幻覺。前者是距離原理；後者是移感原理。前者是「有我」的，後者是「無我」的，然而這有我或無我，又皆依伴隨的感情，而形成不同意境。

(二)次談文學理論

這方面的成果，包括五十三年的《文學概論》（後來改名《中國文學理論與實踐》）與六十五年的《文學論——文學研究方法論》兩種，對於台灣的文學研究一直有很大的影響。

前者是一部文學入門，王老師開宗明義指出：「文學是語言的藝術」；接者把語言的藝術活動區分爲兩度事實，一是內在的構想，一爲外在的構辭；並且認爲文學作品所共有的特色乃在它們好像都是個廣義的「隱喩」。不過，他也強調被凝固爲藝術品的那些語言，是決定於一個民族的歷史條件下。全書分爲二十三章，約二十五萬字，涵蓋古今中外的文學理論，範例則純爲中國的。他在前人的說法上，創新出自己獨到的解釋。如用「繼起的意象」來解釋傳統的「興」，讓人耳目一新，比較能了解。又如他用「糾紛」、「危機」、「解決」三個階段來分析敘事文的情節結構，雖採用西方觀點，但也加入自己的體會，用「加力至於無可復加」來解釋「危機」更是貼切。王老師運用中國傳統的文學觀念作爲其體系中重要的一環。如他喜歡用「在心爲志，發言爲詩」、「心生而言立，言立而文明」這傳統的說法來說明文學創作的過程；用「賦、比、興」說明意象傳達的層次，將整個文學的傳達問題建立在我國傳統的詩論上。更將「境界」（意境）當作文學的極致價值，放在書中的最後一章，說明他嘗試建立以中國文學觀為主體的文學理論苦心。書中也透過文學理論與文學史結合的方式，提出啓發性的見解。如論到「性靈說」、「興趣說」、「神韻說」這三個詩論異同，王老師以爲性靈說特重文學中的情感性質，神韻說特重文學中的想像性質，興趣說則特重文學中的聯想性質。此外，他對於文學的演變也很關心，他很注意詩與禮俗、神話、傳說等關係；對原始歌舞如何演變爲詩、小說、戲劇等文類，尤其有詳細的說明；各朝代文學風格的變化問題，更時常提到。因此王老師的目的不僅要建立一套文學理論而已，也想要藉著這套理論解決許多文學史和文學理論的問題。他的文學理論較新批評特出之處有三：

(1)有一套美學作基礎：他的文學理論與美學結合在一起，較其他的新批評著作中，多觸及美學的問題。

(2)喜歡從語言學和心理學的角度談文學，尤其注意「潛意識」對語言的影響。

(3)無論是談創作或欣賞皆很重視作者與讀者「主觀」方面的作用，亦即重視「文化感情」的影響力。簡而言之，王老師的文學理論融滙美學、語言學與心理學，結合了「潛意識」與文化情感，形成理論格局較新批評具有更廣的詮釋力和發展潛力。

《文學論——文學研究方法論》爲與許國衡先生合作的譯作，原書乃新批評的典範，二十多年以來，其觀點曾激盪台灣的比較文學界。王老師積十年歲月譯完，立即引起中文學界的注意，一時「外緣研究」與「內在研究」，蔚爲風氣。全書共分五編，二十章。第一編爲「文學的定義與區別」，內分五章，除界定文學與文學研究的涵義外，並從文學的本質，功用，文學理論，文學批評，文學史，以及一般文學，比較文學，國別文學，各方面區劃文學研究的範圍。第二編爲預備作業，只有「資料的整理與確定」一章，即是準備進行文學研究所須考慮的種種問題的檢討。第三編爲「文學研究的外在方法」，內分五章，乃就文學與傳記，心理，社會，哲學，以及其他藝術的關係而討論採用那種種方式的妥當性。第四編爲「文學的本質研究」，就是文學作品本身所作的考察，內分八章，先就文學作品與非文學作品的分析，順序討論文學作品的聲律，體裁，比興，描述，以及作品的形式，評價，最後殿以文學成績的記述，亦即文學的歷史問題。此書從時間的縱面言之，是時無古今而唯文章是擇，古代與現代兼具；從空間的橫面言之，它包括了英美之外，德、法、義，以及斯拉夫語系，間亦觸及東方的文學情形，可謂賅博精深的力作。

㈢文學批評

王老師的研究成果包括散論三十六篇，專著兩種。從著作目錄可知，王老師對問題的提出與後續研究，都是有規畫的：單篇論述，建構系統，從而呈現中國文學批評史的規模。相形於郭紹虞、羅根澤、劉大杰等人的專著，他的造詣更具有氣勢。散論如〈鍾嶸的詩品及其詩觀〉一文肯定鍾嶸專精於詩的討論，如此專業化的批評，有四種創制包含在其中：1.強調詩之緣情說；2.減少詩論與文論不必要的糾葛；3.詩評適用特殊的尺度；4.詩評專門化，且爲後代各種形式的詩話祖型，其價值自然彰顯出來。而鍾嶸的詩觀主要有五：1.認定詩的功能，只是一種最好的消遣，使他界定「詩之爲技」是與博奕一類的遊戲爲同等類，這是極爲自然的；2.對於詩品的要求，一則反對以補假的方法（指掉書帶和沒必要濃縮字面，減省虛詞）爲詩，一則反對拘牽聲律的方法爲詩；3.他的直尋說，對於後代的詩評發展，極具影響；4.他反對聲病說的意見，亦可視爲追求直尋效果的附帶說明；5.詩品的中心工作，除了品第古來作家的作品外，還兼作詩派傳承方面的試探。

七十三年的《古典文學論探索》二十篇論文，卷首四篇通論文學與文學家的一般問題，其餘十六篇，探索自魏晉南北朝以迄唐宋千年間的文學理論發展過程，並且透過歷史的追蹤，精審的考據，解決了文學批評史上的關鍵問題，例如：曹丕〈典論論文〉、陸機〈文賦〉、貴遊文學、劉勰《文心雕龍》、鍾嶸《詩品》、唐代新體詩、詩家夫子王昌齡、皎然《詩式》、白居易〈金針詩格〉，與嚴羽以禪喻詩等。從曹丕的主文氣、陸機的尚妍巧、貴遊的遊戲說、劉勰的言心論、鍾嶸對詩的卑之無甚高論，單拈五言與直尋，這些都是中國詩學由古代跨入近代的決定性步驟。到了唐初的審律定體，近體詩規模已定，中國詩自此堂堂進入一個新階段。此一歷史發展的脈絡在書中交代得至為清晰。此外王老師其後發表的若干散論(如〈唐武功體詩試探〉、〈晚唐舉業與詩賦格樣〉、〈蘇軾談錢及其了然說〉等篇)，可視為續編，相當具有參考性。

七十六年的《傳統文學論衡》二十二篇，延續並補充前書，其中漢魏六朝共六篇，極具分量。而〈魏晉南北朝文學之發展〉，蹊徑自闢，文學與文學批評交互運用，觀照適宜，史識卓絕，允為斷代文學史的範例。他認為這一階段可謂由「質」而「文」至於「文」勝於「質」的過程，不同於後人視為「八代之衰」的文敝時期。在事實上，魏晉南北朝之間，濟濟多士，由他們發展而成的文學，不僅有長遠的影響力，足與周秦文學分庭抗禮，且對於「文學」的認識遠較前代深入。其發展的過程於篇末扼要的敘述到：「綜觀漢魏文學漸趨文勝之途，文士以詩賦為文，故作文的方法亦習用作詩作賦的方法，日進於姸巧。適值五胡亂起，土宇崩裂，中朝文風移至南方，因偏安的局面，得遂其綺麗發展。其淪落於北土者，經百年戰亂，故老傳業，不免守殘抱拙，適與文化水準低下之夷俗相混和，造成樸鄙質實之風。故自晉永嘉至於北魏太和，除偶傳一二歌謠綴於樂府古辭者外，不特少聞文士詩賦，即文集亦未見輯存。自北魏太和以下，北主勉欲方駕齊梁，然猶相形見絀。至北周南併梁郢，東兼洛淮，南朝文士大集於北都，齊梁文體乃如水之就壑而泛濫於時。前後雖有蘇綽、李諤之徒欲挽狂瀾於既倒，然按其所作，仍不脫齊梁排偶之習，遑論其他。是故，魏晉南北朝文勝質的文學發展，雖總結於隋代，而遺風餘韻猶籠罩唐朝。上自廟廊文獻下及士子歌吟，莫不深蒙影響。」

在十一篇唐代論述中，包括詩歌、小說，承續前書，以補不足，如果再配合「可拯千百之墜獻，並以補文學史之闕文」的《初唐詩學述考》，則唐代文學批評的藍圖，宛然在目。《初唐詩學述考》一書分總論、第一章上官儀之詩學著述、第二章元競之詩學著述、第三章崔融詩學著述、結語等部分，獲得五個重要的結論，值得參考：

(1)上官儀、元競、崔融，三人年世相接，其著書時代，約自貞觀迄於神龍，相當第七世紀百年之間。唯此百年間，上則結束齊梁以來關於詩文要訣之討論，而下則啓導千餘年來世所遵用之新體詩律。

(2)前列三人著述，其內容時有遞相修正補足處。亦賴有此，乃可按驗其演進之跡象。亦即：聲病之迴忌，大抵止於元競，而構辭之技巧則自元氏以下，日見嚴密。自崔融更立十體之目，益啓後人對於修辭風格之注意。從王昌齡之十七勢轉爲皎然之十九字以至於司空圖的二十四品，可謂愈入愈玄，影響宋元明清之無數詩論。

(3)前列三人著述，以後人之識力臨之，或嫌其淺陋：然而須知：椎輪爲大輅之始；不特唐人律詩率以是爲準繩，即後世爲新體詩者，亦不出於其矩矱之外。但因後人浸淫日久，習爲故常，乃覺其淺陋；倘初學未始不感其煩難，如梁武帝之不識四聲，即其例也。

(4)新體詩律，經初唐人之一再修定，成爲淺顯易記之訣，不特唐代士子自童而習之；即非文士，凡稍留心聲調，亦莫不因耳熟而能吟。夷考有唐一代，詩人猥衆，諸如僧尼婦女野老市氓，其有零篇斷句得傳於今者，多屬新體之詩。尤足證此種詩律之易於普及，而唐詩之特見發達者，此亦爲其一因也。

(5)詩語難工而詩律易曉，故於新體詩律確定之後，唐世士大夫即不復談論，遂使此類著述降與《兔園冊》及《蒙求》等書同爲童子讀物。後之藏書家既不珍視童子讀物，而其書之流傳遂益沉晦。猶如後之李淑，如非爲王子侍讀而欲授以詩法，亦不至引述上官儀之書，是其顯例。

四、唐人小說研究

自魯迅開啓唐人小說研究風氣以來，經過陳寅恪、劉開榮、汪辟疆等人的努力，成果斐然，而唐人小說研究儼然是漢學新焦點。

王老師投入唐人小說研究三十年，面對浩瀚的筆記小說，用心鑽研，往往超越前人甚多，表現驚人的成績，其間單篇散論迭出計有：〈枕中記及其作者〉、〈續玄怪錄及其作者考〉、〈略談續幽怪錄的編纂〉、〈沈既濟生平及其作品補敘〉、〈東城老父傳作者辨略〉、〈東陽夜怪錄注〉、〈唐人小說概述〉、〈讀唐人小說隨筆〉、〈談搜神記中一篇唐人小說〉、〈唐人小說校釋二首〉、〈讀李娃傳偶記〉、〈南柯太守傳及其作者〉、〈漫談碾玉觀音〉、〈崔鶯鶯的身世〉、〈談沈既濟「枕中濟」補考〉等十五篇，所發表的論點都十分精彩。如〈唐人小說概述〉一文，更可窺見他對這方面的圓熟見識。他透過四個子題作說明：⑴唐人「小說」的名稱問題，通過歷史探索，發現「唐人對自己作品的性質、名稱，都自己標出。並不是說寫一篇小說，或一篇傳奇，而是傳、記一類，非傳即記。這一點關係非常重大，因爲它牽連到對於『唐小說之淵源與流衍』的認識。換句話說，作傳作記，不只是名稱，而且使唐人作品具有它的特質。」⑵唐人小說與六朝志怪：其差別乃在六朝撰志怪只是筆記而已，唐人則是志怪加史筆再加詩歌，如此小說不但有嚴肅的史筆，又貫穿詩人的情感，而形成一種異於志怪的特質。⑶唐人寫小說的動機：不外勸誡、志怪錄異，與作宣傳工具三種。⑷唐人小說與古文運動的關係：他一反古文運動(關鍵人物韓愈)與小說發展密切的說法，舉證韓愈與沈既濟的兒子(沈傳師)同輩，而沈氏當時已負盛名，所寫的是小說，而非韓愈的古文。推論唐人小說與古文運動的關係，並不是那麼密切，相當具有說服力。又如，歷來學者對〈虯髯客〉作者莫不肯定為杜光庭，但他獨排衆是，根據晚唐蘇鶚《蘇氏演義》推論，斷定杜光庭值得商榷；再如〈崔鶯鶯的身世〉，固然是針對劉紹銘〈再讀鶯鶯傳〉一文而寫，卻在陳寅恪的基礎上，旁徵博引，一再追索，以求接近歷史的眞相，至於結語：「傳奇與述異、志怪同科，然則元稹之作此文，其動機或始於懺悔之心情而終結以遊戲的筆墨，後人必欲從中按問曲直是非，反而顯似癡人前說不得夢了。」所論理直氣婉，而入人意內。

而《唐人小說研究》一～四集與《唐人小說校釋》(上、下)，更是最好的見證。

《唐人小說研究》一～四集的內容，情形大抵如下：

第一集：分《纂異記》與傳奇校釋兩部分。《纂異記》篇目次第大抵以撰者行卷之文為前列，其有寄託而作意好奇者居後。並於各篇之後，略釋題旨，而文句有須注解者，則并附於校文中。篇名收有：1.三史王生；2.進士張生；3.劉景復；4.張生；5.楊稹；6.陳季卿；7.徐玄之；8.蔣琛；9.韋鮑生妓；10.浮梁張令；11.嵩岳嫁女；12.齊君房；13.許生。十三篇中尚存早期溫卷之作，間有感慨時事及科舉不公者。但論其詩文，不過中等；康軿言其『刻苦為文，厄於一第』，亦可良悲也。傳奇共收三十篇，除〈金剛仙〉、〈五台山池〉、〈王居貞〉三篇爲存疑之目，其餘二十七篇據內容可分爲四類：

1.以神仙或道士者爲題材者共十四篇：崔煒、陶尹二君、許棲岩、裴航、封陟、張無頗、江叟、高昱、張雲容、趙合、元徹柳實、鄧甲、韋自東、文蕭。

2.以異人爲題材者五篇：聶隱娘、崑崙奴、周邯、陳鸞鳳、蔣武。

3.以神鬼爲題材者四篇：鄭德璘、顏濬、蕭曠、曾季衡。

4.以妖怪爲題材者四篇：孫恪、盧涵、寧茵、馬拯。

二十七篇中以記述神仙道士之事爲多，雖同爲神仙恢譎之記載，但按其學養之深淺，則略可知作品之先後。蓋前者爲舉子溫卷之篇章，而後者則近乎道士之妖語。如〈封陟〉篇，作者以極意藻飾之文辭，敘述仙姝之款求好合，而封陟不悟，終末之許。其中但有『能遣君壽倒三松，瞳方兩目。仙山靈府，任意遨遊』等虛泛之語。反之，如〈張雲容〉篇，文雖散體，但其裨販申天師之含眞葆生之言則深涉玄妙也。

第二集：爲陳翰《異聞集》校補考釋，四十一篇的內容可分爲四類：

1.言報應者，似可包括果報與預言：如〈上清傳〉、〈神異記〉、〈秀師言記〉等篇。

2.敘鬼神者，當包括神仙鬼怪，如〈韋仙翁〉、〈僕僕先生〉、〈三女星精〉、〈碧玉槲葉〉、〈湘中怨〉、〈韋安道〉、〈獨孤穆〉、〈盧江馮媼〉、〈劉惟清〉等篇。

3.徵夢卜者，似包括夢幻及卜算方術，如〈枕中記〉、〈南柯太守傳〉、〈周秦行紀〉、〈秦夢記〉、〈異夢錄〉、〈王生〉、〈鄭欽若〉等篇。

4.近帷箔者，當屬閨閣情感之文，如〈柳氏述〉、〈汧國夫人傳〉、〈霍小玉〉、〈會眞記〉、〈離魂記〉、〈相如挑琴〉等篇。

第三集：爲《本事詩校補考釋》，現存諸刻本，通作四十一則，分爲七門：

1.感情門，共十二則。

2.事感門，共六則。

3.高逸門，共三則。

4.怨憤門，共五則。

5.徵異門，共四門。

6.徵咎門，共三則。

7.嘲戲門，共七則。

此四十一則，出於孟棨親得於傳聞者蓋寡，而出於掇拾前人筆記或文集者爲多。可考見其出處者有二十八條：1.樂昌公主破鏡重圓詩；2.喬知之婢窈娘詩；3.顧況和御溝葉上詩；4.戎昱與妓詩；5.章臺柳及韓翃同姓名，前後本爲兩事；6.劉禹錫杜韋娘詩；7.李逢吉奪姬事，或從劉夢得文集憶妓詩而來；8.李嶠眞才子之言，見於次柳氏舊聞；9.劉禹錫玄都觀詩；10.元稹贈黃丞詩；11.白居易詠柳；12.許飛瓊；13.李白一則；14.杜牧乞紫雲妓詩；15.宋之問明河篇；16.李適之罷相詩；17.張九齡燕詩；18.軒轅彌明詩；19.元稹詩夢；20.劉希夷詩讖；21.崔曙孤星；22.；宋武帝吟謝莊月賦；23.長孫無忌嘲歐陽詢；24.張元一嘲趙謙光詩；25.鐵樹銀花詩；26.張祜白居易互嘲；27.沈佺期回波詞；28.張懷慶生吞活剝。

至於《本事詩》的編撰雖經始於唐僖宗光啓以前，但其成書必在昭宗景福以後。

第四集：編次如下

1.本集以牛僧孺之作品爲中心。蓋牛氏成名於貞元末元和初，時爲此類作品茁長時代。其所撰，人稱難解；然及其通顯，而效顰者特多，故其書雖亡佚殆盡，第其事較諸落寞文人猶有可述者，載於上篇。

2.唐世流傳小說名篇，皆直接影響後代之小說戲曲。因而歷代學者，時有附述。茲欲求其眞是，遂亦不揣謭陋，置喙其間。所抒管見，未必皆是，但用以助興者，並列於下篇。

3.前刊一、二集，雖志在校勘原文，然輾轉抄錄，又增僞誤。抑且此種不急之書，昔人所忽，流傳既久，版本滋多，其間各憑臆改，難於按實。其無關宏旨者，茲不復一一指蹤；惟校注文字遇有脫落之處，則爲之補記，次於附編。

《唐人小說校釋》統攝了王老師三十年的研究心得，建立在《唐人小說研究》一～四集的基礎上。經過他精心篩選校釋、深入詮釋，揭開了唐人小說世界的奧妙。上冊就《太平廣記》選取其篇幅稍廣，敘事較具規模的篇章爲內容；做法上廣爲檢對異本以校訂字句的疑僞。關於唐人習用字詞或與後世不盡相同者，以及藻飾辭面而縮造典語故實者，亦復引據原書爲之解釋。至於每篇來歷及其作者身世，凡有助於作品理解，併爲敘錄附於每篇之後。篇章排列，則依作者年代先後，收有十八篇，篇名爲：1.〈吳保安〉、2.〈枕中記〉、3.〈任氏〉、4.〈柳氏傳〉、5.〈鶯鶯傳〉、6.〈長恨傳〉、7.〈東城老父傳〉、8.〈李娃傳〉、9.〈霍小玉〉、10.〈張老〉、11.〈浮梁張令〉、12.〈賈人妻〉、13.〈紅線〉、14.〈聶隱娘〉、15.〈裴航〉、16.〈虯髯客〉、17.〈王知古〉、18.〈東陽夜怪錄〉。茲舉〈李娃傳〉爲例，該篇載於《太平廣記》卷四八四，篇末注云：「出《異聞集》」。「李娃傳」三字應是唐人所見的通稱。作者爲白行簡(姓名見於篇末附敘)，但就文章本身探究，大有可議之處。故事內容一則張揚娼妓節行，結局以六禮正娶娼妓爲妻；一則極言凶肆中人義氣，以與門第觀念下之父子親情相對比。縱非有意向宦門倫理痛下鍼砭，而以妓爲妻之構想，亦脫越當時士大夫思想軌則甚多。概士大夫以婢爲妻，唐代律法懸爲厲禁，況且對象爲人盡可夫的娼妓呢？凡此匪夷所思之事，傳中悉言之鑿鑿，何者？蓋以取悅市井小民，使聞之而快心也。因此王老師以爲，疑李娃故事，本於當時的「市人小說」，白行簡遂亦樂聞，推論此篇應非創自白氏之手。

《唐人小說校釋》下冊〈敘例〉將本書結構解說翔實如下：內容選有唐人小說三十篇，因多爲晚唐作品，故不依年代先後編次，乃就題材相近似者略分爲：1.關於人事糾葛、2.人與非人之交涉、3.幻術與幻遊三類主題。

1.關於人事糾葛：包括情愛恩仇、艱虞險譎之談，如〈無雙傳〉、〈崑崙奴〉，其撰者爲展示巧思而製造難題，或者置其追求對象於天子的園陵，或者處之顯宦之深閨，使有人情之犯難效果。然因設險過高，無法不託以超人的奇絕技術以濟其事；所不同者，未假手神靈仙力而已。次如〈謝小娥〉、〈崔碣〉、〈陳義郎〉等篇，並述人世間諸多苦難，雖情節各有不同，但最終無不歸結於官司的定讞，可視爲後世「公案」小說的濫觴。今人對於唐稗，多屬戀愛、神仙、豪俠、諷刺諸端，特揭而出之以補所未備。間如〈謝小娥〉、〈尼妙寂〉，顯爲一事而兩記，可推知爲唐人纂異，並非全涉虛妄；如〈崔碣〉、〈蘇無名〉等篇，而且可爲「推理小說」之先河。至於〈陳義郎〉、〈崔尉子〉、〈李文敏〉諸作，因其年代有先後，遞相祖述之跡頗著，又可據而知其取材未必皆由於杜撰。至於〈韋固〉、〈華州參軍〉二篇共以婚姻爲題材，一則委命於冥冥，且冥冥中添一月下老人，生受人間千年香火；一則兩情相悅，無間生死。其奇譎處，較諸倩女離魂尤爲婉孌近人，演變成話本後，更是傳誦千古。

2.人與非人之交涉：其事雖不離人世男女愛情，然身分不同乃變爲異類相匹偶，如孫恪之與猿女，申屠澄之娶虎妻。雖撰者意在傳奇，但所敷述，不特於異類中深見人情，亦見於人情中隱伏獸性。〈裴越客〉、〈勤自勵〉、〈盧造〉、〈中朝子〉等篇，並敘虎暴轉爲虎媒，男女雙方因禍而得福。蓋亦本於一事而各出機杼。此外〈后土夫人〉、〈華嶽神女〉、〈華嶽靈姻〉三篇，侈言及於人神之婚媾。華嶽雄峙兩京之間，爲唐仕宦者必經之地，自唐明皇加封之爲金天王後，香火鼎盛，而神話亦隨之增多。所可異者，金天王之內行不修，愈出而愈多穢聞，甚至子爲暴徒，女如蕩婦，倘非失志之士借以影寫晚世豪門，亦當因人所狎習而漸於弛敬故也；不然〈華嶽神女〉、〈華嶽靈姻〉，何至層見而疊出乎？〈后土夫人〉，抑又尊貴，然撰者既託〈離騷〉之詭辭以裁抑武后之淫威，而終仍不見容於人類。蓋就塵凡見識，人之於神不可托以終身，猶獸之於人不可托以終身，中間階級分明，莫得僭越。即使地母貴神，一旦卸其神聖外衣，如其猶似人也，則無異於人間之淫娃奔女；如非其人也，則又與猿妖虎怪無別，宜其皆爲異類而見擯矣。唯諸篇撰者結意頗有出入，或者珍惜良緣，猶存非分之想；或者著明禍始，以張慢神之誡。

3.幻術與幻遊：這類作品多爲漫言無稽，結構鬆懈，奇而不情。茲取〈板橋三娘子〉〈白皎〉二篇作說明。〈板橋三娘子〉設想奇特，饒有諧趣，後人摹寫江湖「黑店」，皆當爲其模範之一。〈白皎〉故事，敘峽江天險，蠻陬人物，其著色造形，用筆細膩，亦唐人小說中別開生面之作。所言使用禁術，本爲天師道之遺傳，其流行黔蜀山區，論史者多能言之，故其事可異而非妄，可視爲江行實錄之一章。至於宦遊諸作，如淳于棼之入於蟻穴，薛偉之游江潭。前者託幻夢以諷世，與〈李知微〉篇大旨略同而構思則異。蟻穴中，淳于棼之窮達一繫於裙帶，而所受冷暖之人情則又憑其窮達而變易。因其狀述曲盡，頗爲時人所仿效，如沈亞之〈秦夢記〉，李玫〈蚍蜉傳〉，皆其仿效者也。〈櫻桃青衣〉，取範於〈枕中記〉。雖彼由道士，此則禪僧，然展示幻滅之機，初無二致。特因撰者時代不同，其趣味亦隨而變異。〈李知微〉篇則又借鼠穴以隱喻當時銓曹選舉，或因事有所諱，於其喧奪譟競之狀，語焉未詳，至爲可惜。至於薛偉化魚，其事雖取材於前人舊作，然逞其想象之能，混人魚於筆端，使斫魚如斫人，而爲戒殺生者設立妙喻，倘以與〈張縱〉篇並觀，亦可見其善於點鐵成金者矣。自餘，〈周秦行紀〉以幻爲眞，故所紀者既非魂遊亦異於夢想，特借用暮夜遇鬼之陳舊怪譚以逐其誣搆，故其爲小說之體，宜從別論，合於〈牛羊日曆〉等篇，附錄於書後。

五、其它

這部分涵蓋小學、創作與翻譯三類。

六十三年的《漢簡文字類編》，是王老師任職中央研究院，因研究《禮記》的需要，長期專研漢簡，所獲得的成果滙集，充分顯現其獨特的辨析能力。出書以來，馳名中外。

此稿是據敦煌、樓蘭、居延、武威等地出土漢簡，約一萬一千餘枚，臨摹所得的不同文字。雖多出於檄移簿書之殘餘，字體多有訛略，仍有其特色與優點：一則墨瀋淋漓，非摹拓的碑文可比；二則率意而書，絕無鋪張作態之弊；三則日常書牘，多出於抄胥之手；四則隸變眞草，形體畢具；五則西漢遺文特多，足補漢碑之缺。故經專家選輯的明析圖版有敦煌漢簡、居延漢簡、武威漢簡三大類。以此爲基礎，再依康熙字典部首分別居部，編成《漢簡異體文字類編》；使漢世由隸變爲『眞書』，爲『草書』的脈絡可一目了然。但其字形中的變體情況複雜，不單是因增筆或減筆使然，而由蜿蜒膠戾變爲砥平繩直更爲嚴重。茲就漢簡文字中因依篆而改體，及增篆或減篆而改體等現象舉例說明：

1.依篆改體：肉→居延漢簡圖版二四三頁286.19號簡，肉作。又，五六一頁無號簡，作。按此字體不見於漢碑。《說文》云：，胾肉，象形。蓋漢人隸變之爲

月，或又作月也。故月之爲肉，雖似異體，實猶從篆而來，東漢碑文則作肉（史晨孔廟後碑）。

其它例字如：君、斗、幸、奔等。

2.依篆增減：家→居延漢簡，家字多書作家，與武威漢簡日忌2簡同。但亦或作家（圖版二一六頁133.8號）。按說文：「家，從宀，豭省聲。家，古文家。」前人多辯者。稽以孔龢碑「牛羊豕雞」，蓋漢人書豕字爲豕；漢簡作豕者乃從省筆；如嫁字，武威漢簡(甲本服傳35簡)作嫁，猶可見其然。倘爲豭省聲，殆亦破壞形聲之體矣。

其它例字如：惡、叔、黍、洞、爭、喜等。

3.省變異體：陰→居延漢簡版圖七四頁183.7號，陰字作陰；一二〇頁511.33號作陰；流沙墜簡屯戍類一三頁作陰。按《北堂書鈔》一〇一引劉向別錄云：「古文或誤，以見爲典，以陶爲陰。」今證以諸簡文字，可證西漢抄胥書體，確乎如是；不特古人陰陶二字常互誤；即今居延簡釋文之排印，亦常誤漢之「濟陰」爲「濟陶」也。

其它例字如：適、前、配、害、繫、盤、胸、慶、樞、鮮、始、殺、鼎等。

4.符號之字：亭→居延漢簡諸亭字，作亭（圖版一二〇頁511.14號），省變爲亭（二七頁303.7號）再變爲亭（五三頁446.14號）亭（一二九頁55.4B號）亭（五二八頁276.16號）

（一三〇頁35.8A號）而亭之與，實如耳孫之與鼻祖矣。

其它例字如：等、幸、歲、尉等字。

5.結體不定：臨→居延漢簡圖版一二頁492.1號，臨字作；二〇九頁224.13號作。說文云：「臨，從臥品聲。」徐本篆文作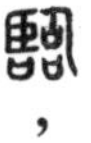，段注篆文作。按段注之篆，實依《說文解字》而撰寫者，但據古籀補及金文編所列諸臨字，其三口之布置殊未定，盂鼎作，毛公鼎作。稽諸形體，24.13號簡文與毛公鼎之結體為近。

其它例字如：輸、弔、野、臨、房、七（十）、櫛等字。

6.改易假借：切→武威漢簡特牲饋食禮51簡「肝三」；少牢饋食禮15簡「上」「本」；17簡「皆」；凡諸字，今本皆作「切」。鄭注《儀禮》此字云：「今文切作」，斯乃西漢所謂今文字體矣。說文以切為二字。切字云：「切，也；字云：「，切也，從刀寸聲。」二字聲異義同；疑西漢讀音無異，而二者本為一字乎？

其它例字如：臘

7.假音異體：拾→五威漢簡泰射禮50簡「拾發以將乘矢」；70簡則作「柙發以將乘矢」。柙，今本皆作「拾」。說文：「拾，從手合聲。」朱駿聲《通訓定聲》云：「拾，叚借為迨。

〈大射儀〉：拾發以將乘矢。」按簡文實通於柗；《玉篇》引《莊子．刻意篇》「柗而藏之」，今本作「柙而藏之」，蓋又以柙爲柗。輾輾相通矣。

其它例字如：緇、縮、梳、禰、期(基)、御(衙)、釋、設、洛(雒)、燧、墮(隨)等字。

8.混同字體：麥、羞↓居延漢簡圖版七七頁503.2號，四〇二頁126.32號，麥字皆作麦；三九二頁88.20號又省作麦。武威漢簡，有司徹25簡「次賓麦匕汁」；又38簡「次賓麦羊燔」，其中麦麦二字，今本儀禮皆作羞字。蓋由羞字省變至於與麥字混同。

其它例字如：吉、告；延、征；就、獻；正、乏等字。

創作方面，分戲劇與傳記，前者又以三幕劇爲主，例如：《生命之花》、《紅心草》、《燕市風沙錄》、與《烏夜啼》；後者即《文天祥》一種。這些創作均完成抗戰其間，對國民不無鼓舞作用，可視爲知識分子參與抗戰後援會的實際表現。

至於翻譯，分理論與創作兩種。前者即《文學論——文學研究方法論》，已見上述；後者有《冰島農夫》與《可崙巴》，譯筆達雅，很受讀者的喜愛。

綜觀王老師的學術世界，大抵建構於日本經驗、歐美經驗與中國經驗。對於日本的漢學研究知之甚詳，先後與多位漢學大師切磋、溝通；並特別留心歐美的美學、文學思潮與批評；對中國禮學、《文心雕龍》、唐人小說研究，能兼攝儒、釋、道，呈示出圓融的文化智慧。在他豐碩的學術論著中，可以看出驚人的、巧妙的運作能力，堪稱一代國學大師，為學術研究提供了寶貴經驗。他活潑的文學生命力與貫通古今中外的大氣概，都源自傳統知識分子「學不可以已」的自我惕勵，以「學問」為事業，此種態度在其〈退休誌感〉一詩可以窺見大概，詩云：

引年驚老大，涉世愧行能，
久作過江客，俄成退院僧。
有書袛覆瓿，何物與傳燈，
猶恃牛羊眼，窮參最下乘。

透過學問事業，讓我們認識了老師圓融的生命情境，深深感受到他是位自強不息的君子，實後輩學子效仿的典範。

肆、王夢鷗教授著作簡目

一、專書目錄

1. 《生命之花》（三幕劇），重慶國民，民國二十九年。
2. 《紅心草》（三幕劇），重慶獨立出版社，民國三十年。
3. 《燕市風沙錄》（三幕劇），重慶正中書局，民國三十四年。
4. 《文天祥》（傳記），重慶正中書局，民國三十四年。
5. 《烏夜啼》（三幕劇），四川獨立出版社，民國三十四年。
6. 《冰島農夫》（譯），正中書局，民國四十八年。
7. 《文藝技巧論》（增益二篇改名《文藝論談》），重光文藝，民國四十八年四月；學英文化，民國七十三年五月。
8. 《文學概論》，帕米爾書店，民國五十三年九月；藝文印書館，民國六十五年五月。

9.《鄒衍遺說考》，商務印書館，民國五十五年一月。
10.《可崙巴》（譯），正中書局，民國五十七年。
11.《禮記選注》，正中書局，民國五十七年。
12.《鄭注引述別本禮記考釋》，商務印書館，民國五十八年七月。
13.《禮記今註今譯》（全二冊），商務印書館，民國五十九年一月。
14.《文藝美學》，新風，民國六十年十一月；遠行出版事業公司，民國六十五年三月。
15.《唐人小說研究一集》，藝文印書館，民國六十年十二月。
16.《唐人小說研究二集》，藝文印書館，民國六十二年三月。
17.《唐詩人李益生平及作品》；藝文印書館，民國六十二年十月。
18.《漢簡文字類編》，藝文印書館，民國六十三年十月。
19.《唐人小說研究三集——本事詩校補考釋》，藝文印書館，民國六十三年十一月。
20.《文學論——文學研究方法論》，志文出版社，民國六十五年十月。
21.《禮記校證》，藝文印書館，民國六十五年十二月。
22.《初唐詩學述考》，商務印書館，民國六十六年一月。
23.《唐人小說研究四集》，藝文印書館，民國六十七年十月。

24.《當代中國新文學大系——文學論評集(編)》，天視，民國六十九年。
25.《古典文學的奧秘——文心雕龍》，時報文化出版公司，民國七十年一月。
26.《中國文學的發展概述》(合著)，中央文物供應社，民國七十一年。
27.《唐人小說校釋》(上)，正中書局，民國七十二年。
28.《古典文學論探索》，正中書局，民國七十三年。
29.《唐人小說校釋》(下)，正中書局，民國七十四年。
30.《傳統文學論衡》，時報文化出版公司，民國七十六年六月。

二、論文目錄

1.〈原禮〉，《文化先鋒》，一卷十二期，民國三十一年十一月。
2.〈戴老光眼鏡談文藝政策〉，《文化先鋒》，一卷二十一期，民國三十二年二月。
3.〈禮與大一〉，《文化先鋒》，二卷七期，民國三十二年五月。
4.〈天下一家讀後感〉，《文化先鋒》，二卷十九期，民國三十二年九月。
5.〈旅途散記〉，《文化先鋒》，三卷五期，民國三十三年一月。
6.〈釋「敬」——爲心理建設進一解〉，《東方雜誌》，四十卷二期，民國三十三年一月。

7.〈禮教與社會生活〉，《文化先鋒》，三卷十期，民國三十三年三月。
8.〈中國樂藝之消沉〉，《東方雜誌》，四十卷七期，民國三十三年四月。
9.〈面子問題試論〉，《東方雜誌》，四十二卷五期，民國三十五年三月。
10.〈原士與儒〉，《文化先鋒》，六卷十九期，民國三十六年三月。
11.〈關於〈原士與儒〉一文答問〉，《文化先鋒》，六卷二十三期，民國三十六年五月。
12.〈物底昇華與人之再生〉，《文化先鋒》，八卷三期，民國三十七年二月。
13.〈六藝與儒學〉，《文化先鋒》，八卷十二期，民國三十七年六月。
14.〈〈春日田園雜興〉詩案〉，《暢流》，六卷十二期，民國四十二年二月。
15.〈中國文學中的自然美〉，《幼獅學誌》，一卷六期，民國四十二年六月。
16.〈水滸微言〉，《暢流》，九卷四期，民國四十三年四月。
17.〈汪容甫的性格〉，《暢流》，十一卷二期，民國四十四年三月。
18.〈漢學與孔孟思想之聯繫問題〉，《孔孟學報》，一期，民國五十年四月。
19.〈小戴禮記考源〉，《政大學報》，三期，民國五十年五月。
20.〈禮記思想體系試探〉，《政大學報》，四期，民國五十年十二月。
21.〈中國古代家族之形成及其流變〉，《政大學報》，五期，民國五十一年五月。

22.〈樂記考〉，《孔孟學報》，四期，民國五十一年九月。

23.〈釋「用」——從卜中、衛宏說〉，《大陸雜誌》，二十五卷十二期，民國五十一年十二月。

24.〈傳奇・小說・文學〉，《傳記文學》，二卷一期，民國五十二年一月。

25.〈一個科學教育者的素描——薩本棟〉，《傳記文學》，三卷三期，民國五十二年九月。

26.〈禮運考—禮運禮器郊特性校讀志疑〉，《政大學報》，八期，民國五十二年十二月。

27.〈鄒衍生卒年世商榷〉，《政大學報》，九期，民國五十三年五月。

28.〈語言美的消耗〉，《中國語文》，十四卷六期，民國五十三年六月。

29.〈白樂天之先祖及後嗣問題〉，《政大學報》，十期，民國五十三年十二月。

30.〈禮記王制篇校記〉，《孔孟學報》，九期，民國五十四年四月。

31.〈曲禮校釋〉，《政大學報》，十一期，民國五十四年五月。

32.〈古明堂圖考〉，《孔孟學報》，十一期，民國五十五年四月。

33.〈談簡志疑瑣綴〉，《政大學報》，十三期，民國五十五年五月。

34.〈枕中記及其作者〉，《幼獅學誌》，五卷二期，民國五十五年十二月。

35.〈鄭注禮記舊本考〉，《幼獅學誌》，六卷一期，民國五十六年五月。

36.〈禮記月令校讀後記〉，《孔孟學報》，十四期，民國五十六年九月。
37.〈從語言文字的衍變來看中國文學史研究之新課題〉，《中國語文》，二十一卷五期，民國五十六年十一月。
38.〈續玄怪錄及其作者考〉，《幼獅學誌》，六卷四期，民國五十六年十二月。
39.〈略談續幽怪錄的編纂〉，《中央圖書館館刊》，一卷三期，民國五十七年一月。
40.〈西漢「今文」實況蠡測〉，《中山學術文化集刊》，一期，民國五十七年三月。
41.〈劉勰論文之特殊見解〉，《政大學報》，十七期，民國五十七年五月。
42.〈劉勰宗經六義試詮〉（收入《文心雕龍研究論文選粹》，育民出版社），《中華學苑》，六期，民國五十九年九月。
43.〈關於文心雕龍的幾點意見〉，《故宮博物院圖書季刊》，一卷二期，民國五十九年十月。
44.〈劉勰提出的文心二字試解〉（收入中國語文學會編輯《文教論叢》，正中書局），《文教論叢》，民國六十年一月。
45.〈從辨騷篇看文心雕龍論文的重點〉，《中華文化復興月刊》，四卷五期，民國六十年五月。
46.〈中國藝術之抽象化觀念〉（收入《當代新文學大系‧文學評論集，天視出版社》），《文藝復興月刊》，民國六十一年五月。

47.〈沈既濟生平及其作品補敘〉，《政大學報》，二十六期，民國六十一年十二月。

48.〈古代詩評家所講求的純詩〉，《中外文學》，二卷九期，民國六十三年二月。

49.〈文學定義之一考察〉，《中外文學》，四卷一期，民國六十四年六月。

50.〈鍾嶸的詩品及其詩觀〉，《中華文化復興月刊》，十卷四期，民國六十六年四月。

51.〈虬髯客與唐之創業傳說〉，《幼獅學誌》，十五卷二期，民國六十七年十二月。

52.〈閒話宣室志及其作者〉，《中外文學》，七卷八期，民國六十八年一月。

53.〈文人的想像與感情的隱喻〉，《中外文學》，七卷九期，民國六十八年二月。

54.〈退休誌感等詩三首〉，《中華文化復興月刊》，十二卷五期，民國六十八年五月。

55.〈貴遊文學與六朝文體之演變〉，《中外文學》，八卷一期，民國六十八年六月。

56.〈漢魏六朝文體變遷之一考察〉，《中研院史語所集刊》，五十本二分，民國六十八年六月。

57.〈文人批評與文人相輕〉，《中華文化復興月刊》，十二卷六期，民國六十八年六月。

58.〈陸機文賦所代表的文學觀念〉，《中外文學》，八卷二期，民國六十八年七月。

59.〈東城老父傳作者辨略〉，《中國古典小說研究專集》，一集，民國六十八年八月。

60.〈試論曹丕怎樣發見文氣〉，《中外文學》，八卷四期，民國六十八年九月。

61.〈從雕飾到放蕩的文章論〉，《中外文學》，八卷五期，民國六十八年十月。

62.〈劉勰論文的觀點試測〉，《中外文學》，八卷八期，民國六十九年一月。

63.〈曹丕典論論文索隱〉，《中外文學》，八卷十期，民國六十九年三月。

64.〈從典論殘篇看曹丕嗣位之爭〉，《中研院史語所集刊》，五十一本一分，民國六十九年三月。

65.〈漫談鍾嶸評詩的態度與方法〉，《中華文化復興月刊》，十三卷五期，民國六十九年五月。

66.〈關於左思三都賦的兩首序〉，《中外文學》，九卷二期，民國六十九年七月。

67.〈唐詩人王昌齡生平及其詩論〉(上)，《中華文化復興月刊》，十三卷七期，民國六十九年七月。

68.〈唐詩人王昌齡生平及其詩論〉(下)，《中華文化復興月刊》，十三卷八期，民國六十九年八月。

69.〈東陽夜怪錄注〉，《中國古典小說研究專集》，二集，民國六十九年八月。

70.〈試論白樂天金針詩格〉，《中外文學》，九卷七期，民國六十九年十二月。

71.〈炙轂子及其詩格考辨〉，《幼獅學誌》，十六卷二期，民國六十九年十二月。

72.〈試論皎然詩式〉，《中華文化復興月刊》，十四卷三期，民國七十年三月。

73.〈唐人小說概述〉，《中國古典小說研究專集》，三集，民國七十年六月。

74.〈魏晉南北朝文學之發展〉（上），《中華文化復興月刊》，十四卷七期，民國七十年七月。

75.〈魏晉南北朝文學之發展〉（中），《中華文化復興月刊》，十四卷八期，民國七十年八月。

76.〈嚴羽「以禪喻詩」試解〉，《中華文化復興月刊》，十四卷八期，民國七十年八月。

77.〈魏晉南北朝文學之發展〉（下），《中華文化復興月刊》，十四卷九期，民國七十年九月。

78.〈古人詩文評對「語言」之基本態度〉，《東方雜誌》，十五卷十期，民國七十一年四月一日。

79.〈讀唐人小說隨筆〉，《東方雜誌》，十六卷一期，民國七十一年七月一日。

80.〈談搜神記中一篇唐人小說〉，《東方雜誌》，十六卷三期，民國七十一年九月一日。

81.〈唐人小說校釋二首〉，《中國古典小說研究專集》，五集，民國七十一年十一月。

82.〈讀「李娃傳」偶記〉，《東方雜誌》，十六卷八期，民國七十二年二月一日。

83.〈晚唐舉業與詩賦格樣〉，《東方雜誌》，十六卷九期，民國七十二年三月一日。

84.〈唐「武功體」詩試探〉，《東方雜誌》，十六卷十二期，民國七十二年六月一日。

85.〈蘇軾談「錢」及其「了然」說〉，《東方雜誌》，十七卷十一期，民國七十三年五月一日。
86.〈南柯太守傳及其作者〉，《輔仁學誌》，十三期，民國七十三年六月。
87.〈漫談〈碾玉觀音〉〉，《東方雜誌》，十八卷四期，民國七十三年十月一日。
88.〈讀《文心雕龍》的定勢篇〉，《東方雜誌》，二十卷七期，民國七十六年一月一日。
89.〈崔鶯鶯的身世〉，《東方雜誌》，二十卷八期，民國七十六年二月一日。
90.〈靜安之詩詞探本論溯源〉，《東方雜誌》，二十一卷二期，民國七十六年八月一日。
91.〈唐詩人孟雲卿生平試探〉，《輔仁學誌》，十八期，民國七十八年六月。
92.〈談沈既濟〈枕中濟〉補考〉，《中國文哲研究集刊》，一期，民國八十年三月。
93.〈〈枕中記〉在唐傳奇中地位的再認定〉，《中國文哲研究通訊》，一卷一期，民國八十年三月。